Le legs des Pygmées
du berceau nilotique à l'Égypte

Victor BISSENGUÉ

Le legs des Pygmées du berceau nilotique à l'Égypte

DU MÊME AUTEUR

Le Mythe Barthélemy Boganda, Inédit, 2018.

Discrimination des Pygmées. Réfutation des Maîtres de la forêt, Ed. Paari, 2014, 144 pages.

«Mémoire et patrimoine des cultures minoritaires : Le combat contre le génocide culturel et physique des Pygmées». Communication au *Festival Mondial des Arts Nègres*, 3e éd. (FESMAN 3), Dakar (Sénégal), 2010, 19 p.

« Pour une réconciliation des civilisations africaines avec l'histoire universelle », in *L'Homme*, revue française d'anthropologie, 2007, N°181: 189 à 195

Contribution à l'histoire ancienne des Pygmées : l'exemple des Aka, Ed. L'Harmattan, 2004, 206 pages.

« Paris : un explorateur africain au Plateau Beaubourg » in *Museum,* UNESCO, 1990, N° 168 (vol. XLII n°4, pp. 234-238. En 5 versions : français, anglais, espagnol, russe, arabe).

« La piazza, avec un baobab en plus on se croirait au cœur d'un village africain » in Supplément de *Coursives* spécial 20 ans, Ed. Centre Georges Pompidou, janvier 1997.

L'audiovisuel au Centre Georges Pompidou : Situations actuelles et perspectives. Editions Lille 3, A.N.R.T. 1988 [Thèse de doctorat]. Imprimé et Microfiches.

Les techniques audiovisuelles appliquées et le décalage Gutenberg-Marconi : le cas du Centre National d'Art et de Culture Georges Pompidou. Mémoire de D.E.A. : Cinéma, Télévision, Audiovisuel, U. Panthéon-Sorbonne - Paris 1, 1982 & Université Paris Ouest Nanterre - Paris 10, 1982.

© L'Harmattan, 2018
5-7, rue de l'École-Polytechnique, 75005 Paris

http://www.editions-harmattan.fr

ISBN : 978-2-343-13895-4
EAN : 9782343138954

Dédicace

Aux bonnes volontés qui œuvrent inlassablement pour la Dignité et la Citoyenneté de l'Homme, en particulier envers ces peuples, les Aka vivant en grande forêt équatoriale d'Afrique, désignés souvent avec mépris, autochtones, indigènes ou Pygmées.

A la mémoire des guides et compagnons que je ne me lasserai d'honorer, mon père Philippe Bissengué et ses cadets Pierre Mafouta, Luc Zanga, de mon ami Gustave Doré Niagga, ma mère Monique Passéremo, ma tante Joséphine Gbénou, mes aînés Agnès et Alphonse Lazare, les puînés Jonas-Bosco, Elise, Daniel, Léopold.
Ainsi que les bibliothèques vivantes, Joseph Allis, Robert Samba maire de Ngoumbélé, les Chefs de terre Pierre Yangakola et Tèrèsango Balangba.

Remerciements

Mes remerciements infinis à tous ceux et à toutes celles que je ne pourrais pas nommer exhaustivement, qui d'une manière ou autre m'ont apporté leur soutien pour qu'enfin les matériaux rassemblés soient mis en forme et que le présent ouvrage soit achevé :

Eugène Gbodo Yessé, Georges Agba Otikpo Mézôdé, Jean-Charles Coovi Gomez, François Endjiago Passéma, Jean-Jacques Sanzé, Joseph Gréla, Léon Kidjimalé Grant, Manuel Mageot, Mallon Kéita-Kouyaté, Prosper Indo, René Deverdun, Afuyékoko Omer Bissengué, Rosette Mafouta, Samson Zanga.

J'ajoute une mention spéciale pour Monseigneur Joachim Ndayen, Célestin Bamboute, Abel Lité, Jean Nke Ndih et Jean Hazoumé qui n'ont de cesse ménagé des critiques parfois incendiaires mais constructives.

Prologue

« Depuis le début nous avons toujours vécu dans la forêt. Comme mon père et mes grand-pères, je vivais de la chasse et de la cueillette sur cette montagne. Puis les Bahutu sont venus. Ils ont coupé la forêt pour cultiver la terre. Ils ont continué à couper et à planter jusqu'à ce qu'ils aient entouré notre forêt de leurs champs. Aujourd'hui ils sont arrivés jusqu'à nos huttes. Au lieu de la forêt, maintenant nous sommes cernés par des pommes de terre irlandaises ! »
Gahut Gahuliro, un Mutwa né vers 1897, Muhabura (Ouganda), juillet 1999 [cf. Jerome Lewis, *Les pygmées Batwa de la région des Grands lacs*, MRG, 2001, pp. 9-10].

Ouvreurs de chemin que recevaient les égyptiens pharaoniques à leur cour il y a des millénaires, premiers occupants de la forêt du bassin du Congo, les Aka désignés Pygmées, aujourd'hui marginalisés, dépouillés, sont en quête de leur droit.

Selon les dernières découvertes, les premiers hominidés remontent à 7 millions d'années pour Toumaï (*Sahelanthropus tchadensis*) au Tchad, en passant par Lucy (*Australopithecus afarensis*) en Ethiopie dont l'âge est estimé à 4 millions d'années, l'Homo sapiens archaïque découvert au Maroc âgé de 300000 ans environ présenté au public pour la première fois le 6 juin 2017. Il est inimaginable que ces Pygmées dont les ancêtres les plus lointains ont d'abord séjourné dans la région des Grands Lacs, n'aient pas pris part au processus cumulatif ayant conduit à l'émergence des premiers éléments de la civilisation.

Des paléoanthropologues, des archéologues, ont exhumé de nombreux vestiges qui témoignent de cet apport initial. Il en fut de même dans l'Antiquité comme l'indiquent les sources pharaoniques qui font état dès 2400 ans avant notre ère de contacts directs entre les Egyptiens de l'époque et les AKA dont le pays d'origine (YAM) se situerait aux confins de la République Centrafricaine actuelle.

Ces peuples qui descendent tous du même ancêtre, l'Homo sapiens, ont apporté à l'humanité dans divers domaines essentiels : qu'il s'agisse des produits de chasse (ivoire, peaux, plumes), de la cire, de la zoologie, de la botanique et de la biomédecine (le bois et ses dérivés, des plantes et leurs vertus, des produits anesthésiants de chirurgie, des stimulants cardiaques, des antipaludéens...), de la musique ou de la cosmogonie.

Les Maîtres du temps, gardiens de la forêt, ont contribué à la civilisation à travers leurs savoirs et savoirs faire, des échanges, depuis la nuit des temps.

Toutefois, le Pygmée divinisé sous les traits de Bès figure dans le panthéon égyptien.
Considéré au départ comme protecteur de la maison royale d'Egypte, le dieu Bès a fait l'objet du culte de la fécondité. Il a été le protecteur de la femme enceinte, de la naissance, de la toilette, de l'enfant jeune, des dieux jeunes comme Harpocrate. Par ses fonctions, il est associé à d'autres divinités comme Hathor, Horus, Taouret, Isis, Thot. Devenu populaire, apotropaïque, Bès symbolise à la fois la joie, les arts, la guérison.

Nous allons tout au long du parcours découvrir, faire connaissance de ce *legs séculaire dont sont dépositaires les Pygmées, du berceau nilotique à l'Egypte ancienne et au Monde*. Il se pose également la question du patrimoine de l'Humanité et de la réconciliation des civilisations africaines avec l'histoire universelle.

I. De l'origine à la localisation géographique actuelle des Pygmées

I.1. Origine

> « *Salut au danseur de Dieu, à celui qui réjouit le cœur, à celui vers lequel soupire le roi Neferkarê, qu'il vive éternellement...* » ["Lettre du pharaon Pépi II Neferkarê de la VIe dynastie à Herkhouf"]

Les Pygmées vivent dans la forêt équatoriale qui s'étend de l'Océan Atlantique au Lac Tanganyika à l'Est du continent, y compris les îles de l'Océan indien (Mayotte, Madagascar). Des rapports avec le reste des populations ont été établis et vécus à travers les âges. La tradition orale en Afrique Centrale et Occidentale évoque la présence, la trace et les épopées de ces "petits hommes" chasseurs, lutteurs, génies et esprits de la forêt, esprits de la brousse. Il arrive aussi que des Pygmées isolés se rencontrent encore en savane boisée par des promeneurs, des paysans ou des chasseurs.

La mémoire collective évoque souvent la présence de ces Pygmées parmi les habitants - c'est par exemple le cas en Côte d'Ivoire, en Guinée Conakry, au Mali, etc. - Marcel Griaule retrouve dans l'histoire et le mythe dogon en Afrique de l'Ouest les traces de populations Pygmées :
« *Les Andoumboulou furent les premiers êtres humains créés (Mythe, vers 30) ? - Le mot andumbulu (ou antumbulu)* - précise l'auteur - *semble dérivé de an, contraction de ayne, homme et de dummulu (ou tummulu), court. Les andoumboulou seraient de petits hommes, des*

pygmées. Les aventures dont ils furent les héros de falaises à pic... » [*Masques dogons*, Paris, Institut d'Ethnologie, 1963, 2e édition, p. 157]

Mauny « *estime que les premiers mangeurs de coquillages, comme les fabricants d'outillage du paléolithique pourraient fort bien être des Pygmées.*». Les Gagous du centre-Ouest de la Côte d'Ivoire gardent le souvenir d'ancêtres semblables à des Pygmées, et les Didas (voisins des Gagous) racontent qu'ils durent négocier le droit de s'installer avec des "petits hommes" propriétaires du sol; les Adioukrous font aussi allusion à ces premiers occupants de la forêt qui s'étend de part et d'autre de Bandama. [cf. "Contribution à la connaissance de l'archéologie préhistorique et protohistorique ivoirienne" in *Annales de l'Université d'Abidjan*, 1972].

Nous avons recueilli un témoignage saisissant en septembre 1994 auprès d'un "chasseur de feu de brousse" (Romi Yangakola) dans le secteur de Grimari-Bakala en République Centrafricaine. L'événement a lieu en saison sèche où les forêts à galeries sont très inflammables : il est arrivé qu'on retrouve, après le passage de ces feux voraces, des corps d'"hommes de petite taille" appelés "Kolékombo" (ou Kolékongbo, Kolékumba en langue banda - Mokala, Sonkala, Bésonroubé en langue manza). Des chasseurs et des promeneurs rapportent d'autres scènes issues des rencontres impromptues en pleine savane, dans une clairière où les "Sonkala" sont occupés à fumer de la viande : ils se lèveront, silencieux, disparaîtront sans rien emporter; et ils ne reviendront plus sur les lieux.

D'abondantes études et monographies font souvent référence aux "petits hommes bruns chasseurs, cueilleurs".

Il s'agit bien des Pygmées, l'un des premiers peuples habitant les immenses forêts du Sahara qui, aujourd'hui, laissent place aux terres arides et au désert. Ils s'en allèrent à la recherche de régions plus favorables à leur survie. Au Tchad, dans les plaines de Krené et du Lac Fitri, on signale le souvenir persistant de ces petits hommes. Selon Jean-Paul Lebeuf et Annie Masson-Detourbet, les peuples du Kanem-Bornou et les Sao liés par l'histoire semblaient être "*des Noirs de grande taille, des «Nilotiques comparables aux Djoukoun, à moins qu'ils n'aient fait partie du fond aborigène semi-bantou» (Meek) ? Venus via le Kordofan, le Darfour et le lac Fitri, ils auraient trouvé dans la plaine du Tchad de petits hommes rouges, les gwègwèy, classiques premiers occupants de cette partie de l'Afrique, ce qui nous reporterait loin dans le passé*". [*La civilisation du Tchad*, 1950, p. 32]

Des populations présentant les mêmes traits et conditions que ceux des Pygmées se rencontrent en Asie et en Océanie, comme les Semangs de Malaisie, les Andamans des Iles Andaman, les Aettas des Philippines, les Veddas de Ceylan. Un autre type de populations aussi millénaires, les Khoisan (Hottentots, Bochimans), vivant de la chasse et de la cueillette, occupait autrefois l'espace compris entre l'équateur et le Cap de Bonne Espérance en Afrique du Sud; ces peuples Khoisan se retrouvent aujourd'hui dans les steppes du Kalahari (Bakhalagadi) au Botswana et le désert de Namibie. Ils parlent des langues à clics de la famille khoisan dont notamment : la langue de Khoi ou "Hottentot" et la langue des San ou "Bochimans" de l'Afrique australe (d'où khoi-san), la langue des Sandawe et la langue des Hatsa (Hadza, Hadzapi, Watindega) de l'Afrique orientale.

L'un des traits distinctifs de Pygmées généralement relevé est leur stature très faible, 144 cm en moyenne (certains d'entre eux dépassent largement la "coudée"). Lorsque le R.P. Trilles leur pose la question, ils ironisent :
« *Nous sommes petits, entre les petits. Pourquoi cela ? Parce que nos pères, les premiers de tous, ceux qui étaient avant nous, étaient ainsi et bien de soleils ont lui, et bien de lunes ont brillé depuis ce temps. Combien ? Nul ne saurait les compter! Un, deux, trois, et encore un, deux, trois, et longtemps, longtemps: une tête serait fatiguée à les compter.*» [*Les Pygmées de la Forêt équatoriale*, 1932, p. 27].
« *Akka ndarx, akka ntarx - "Et depuis ce temps, petits sont restés les Akwa"* » (1932, p.30).

La paléontologie et les sources archéologiques nous donnent des repères importants de l'évolution humaine. Il en découle le fait que les Pygmées et les populations mélanodermes d'Afrique descendent tous d'un même ancêtre dont le prototype serait représenté par le spécimen Homo sapiens dit d'OMO I, le type de l'homme moderne. La datation initiale de la découverte faite à Kibish en Ethiopie par l'équipe de Richard Leakey en 1967, d'après l'analyse du taux de thorium et d'uranium des coquillages trouvés sur les os remontait à 130000 ans avant notre ère, puis à 200000 ans (±5000 ans) suite à l'application de la méthode isotopique à l'argon par une équipe internationale de chercheurs en 2005. [Cf. *Discrimination des Pygmées. Réfutation des maîtres de la forêt*, par Victor Bissengué, mai 2014, p. 17]
Aujourd'hui encore, le seuil de 200000 ans est franchi. Les récentes découvertes de Jebel Irhoud au Maroc[1] viendront faire rajeunir en 2017 de 100000 ans l'Homo sapiens de Kibish.

Les Pygmées sont en effet considérés comme les descendants de très anciennes populations localisées au paléolithique dans les régions des Grands Lacs, le Rwanda, le Burundi, le Kenya, la Tanzanie, l'Ouganda, la République démocratique du Congo, en République du Congo, République Centrafricaine, Cameroun, Gabon, Guinée équatoriale. Ils vivent en petits groupes, généralement dans leur aire géographique équatoriale mais ne restent en forêt qu'une partie de l'année, à l'exception de certains comme les Twa de la République démocratique du Congo plus sédentarisés qui sont chasseurs-collecteurs mais aussi pêcheurs. Ils ont des rapports de troc et d'échange avec les populations voisines notamment Bantou qui pratiquent l'élevage, l'agriculture, la métallurgie et la poterie. Les Pygmées chassent ordinairement au filet ou à l'arc (arbalète, flèches en bois) et l'éléphant à la lance. D'autres travaillent comme pisteurs, employés dans des sociétés forestières, main d'œuvre dans divers postes sous payés, etc. Les plus experts d'entre eux, qu'il s'agisse des hommes ou des femmes, sont écoutés en priorité dans les domaines où ils excellent.

Carte relative à l'origine préhistorique des Pygmées

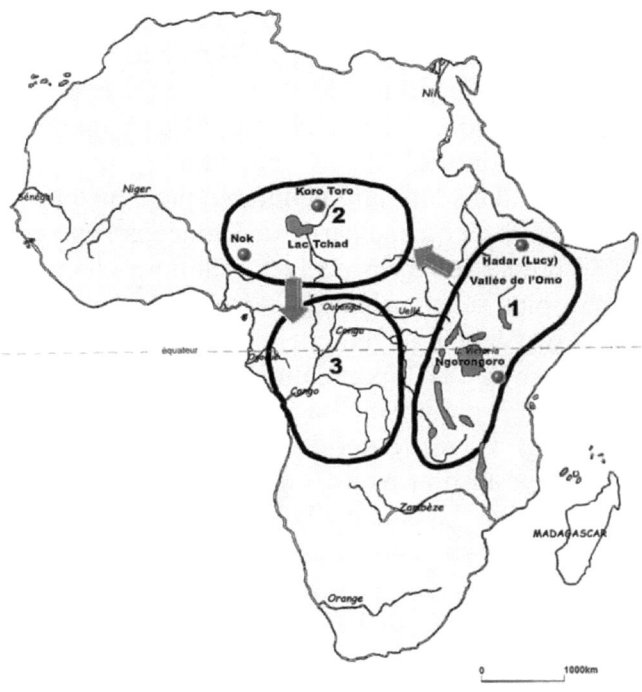

1- Berceau nilotique commun : à ce stade, le processus de séparation des langues, ainsi que la formation des différents groupes humains ne sont pas achevés. - 2- Du Soudan méridional, Pays de Yam, les groupes humains dénommés Pygmées (Aka, Babenzélé, Babongo, Baka, Bambuti, Batwa, etc.) se différencient et investissent par vagues successives leurs zones d'implantation actuelle. - 3- Cette nouvelle étape marque la progression des Pygmées en général et des Aka en particulier vraisemblablement sous la pression de migrations des peuples bantou vers la forêt équatoriale qui leur servira pendant des siècles de zones-refuges.

« *Les Egyptiens connaissaient les Akka sous le nom qu'ils portent encore, car Mariette-Pacha l'a lu à côté du portrait d'un nain sculpté sur un monument de l'ancien empire* ». [Quatrefages, *Les Pygmées*, 1887, p. 25]. Ce passage cité par Quatrefages de Bréau renvoie à l'anthropologue (et docteur en médecine) Hamy Ernest-Théodore dans son - "Essai de coordination des matériaux récemment recueillis sur l'ethnologie des Négrilles ou Pygmées de l'Afrique équatoriale".

« *A Beni-Hassan en Egypte, sur une tombe de la VIe dynastie, on peut voir, figurant dans une peinture relative aux notions acquises, un nain négroïde. Tout à côté de lui, on lit le mot « Akka », nom qui désigne aujourd'hui encore l'une des plus importants groupes pygmées d'Afrique équatoriale* ». [Cf. : Paul Monceaux, "La légende des Pygmées et les nains de l'Afrique équatoriale" in *Revue Historique*, Paris, Tome XLVII, sept.-déc. 1891, p. 64].

Claire Lalouette note dans ses *Textes sacrés et textes profanes de l'ancienne Egypte*, les «Egyptiens avaient remarqué que les Pygmées qu'ils connaissaient (et qui étaient très recherchés par la cour d'Egypte, pourvus d'honneur: l'un d'eux fut maître de la garde-robe de Pépi II) pratiquaient des danses rituelles au lever du soleil; pour cette raison ils furent associés au culte solaire.».[2]

Dans les *Textes des sarcophages égyptiens du Moyen Empire*[3], Paul Barguet note les "Paroles à dire. Sortir au jour" dans lesquelles DNG (deneg) l'ouvreur des portes de l'horizon est évoqué :
« *Comme c'est bon que je sois annoncé [là-bas] sous les branchages (?) de (l'arbre)-itnws ! Le chacal et Thot me protègent, le lévrier et le Maître du Sud me protègent. Ouvre-moi les portes de la Douat, ô Degneg ! Ouvre-moi*

les portes de l'horizon ! Je suis le Vautour, je suis le Lion sorti en tant que mon corps ; mon flot est Methyour, ma démarche est la démarche d'Anubis. »
« *Je suis (Rê) de ce jour-ci, - et vice-versa - ; je suis Horus dans son œil. C'est beau pour moi, aujourd'hui, plus qu'hier, beaucoup. (Ouvre-moi les portes de la Douat), ô Degneg ! Ouvre-moi ... (les portes) de l'horizon ! Comme c'est bon que je sois annoncé là avec Hathor et que je conduise les dignités avec Atoum, que je dirige le chacal et le maître du Sud !* »

Serge Bahuchet fait observer : « *Pas plus que Schiaparelli, Maspéro ne traduit "danga" par "Pygmées", mais il apporte la présence du Danga dans une formule funèbre des Pyramides, où celui-ci représente l'âme du défunt Pharaon qui va danser devant Osiris* »[4].

Dans une relation à propos des Pygmées et de la « Lettre de Pépi II à Herkhouf », Véronique Dasen[5] rapporte :
« *Le roi ajoute qu'un* autre dng *fut rapporté de Pount, un pays localisé sur les côtes de la mer Rouge, soixante ans plus tôt, au temps du roi Asosi (V^e dynastie, vers 2380 BCE). Les souverains de Pount et de Yam offrirent sans doute ces* dng *comme des cadeaux de prestige aux pharaons. Le sort que réserve Pépi II au petit homme révèle sa valeur symbolique particulière en contexte égyptien. Le souverain annonce qu'il lui demandera d'exécuter "les danses du dieu,* jb3w ntr, *pour réjouir le cœur du roi de Haute et Basse Égypte". Dans les textes religieux du Nouvel Empire et de Basse-Époque, l'expression* jb3w ntr *désigne la cérémonie qu'accomplissent les babouins divins à l'horizon. Pour saluer le lever du soleil, Rê, ils dansent en lui adressant les premières prières du jour, mains levées, en un geste*

d'adoration ^(5a). *L'arrivée d'un pygmée, comme eux créature de l'horizon, ne pouvait que réjouir le cœur du pharaon, âgé d'à peine dix ans de surcroît. En lui demandant de danser pour lui, le roi faisait célébrer sa qualité de fils et de représentant de Rê sur terre. Le roi défunt prend lui-même l'aspect d'un pygmée dans une variante des textes des Pyramides. La prière le décrit monté au ciel, transformé en* dng *exécutant la danse* jb3 *devant le trône de Rê* » ^(5b).

Le linguiste, égyptologue et philosophe Théophile Obenga souligne[6] :
« *"Nains" et "Pygmées" étaient connus de façon distincte dans l'Egypte des Pharaons, et la langue différenciait bien les deux types d'êtres humains :*
- *nemou, "nain"*
- *deng, ding, "pygmée".*
Aucun mépris n'était attaché aux "nains" et aux "pygmées" dans l'Afrique noire précoloniale. Les "pygmées" sont mêmes assimilés à des êtres puissants, quasi divins : Homère donne un écho de cette tradition mythique.
"Nains" et "Pygmées", êtres particuliers et possesseurs de vieilles sagesses de l'humanité, pouvaient occuper de hautes fonctions à la cour royale : chefs de travaux publics, chefs de chantiers de construction navale, membres influents du clergé, maîtres des métallurgies, maîtres des musiques et des danses, etc. Ils pouvaient se marier à des femmes de rang social élevé. »
Le professeur Théophile Obenga note, en s'appuyant sur une illustration, la Stèle d'un Nain ("Stela of a dwarf") présentée dans un ouvrage *The Arts of Egypt* (1967, p. 73), l'inexactitude de la traduction "Anubis est le prince-nain".
« *Ce qui n'a aucun sens dans la culture pharaonique* ».

« Voici une lecture plus exacte : « le chef du corps des magistrats », le Nain est au-dessus, a autorité sur les magistrats...
Nain ou pas, le chef des magistrats mérité bien une stèle ; il n'y avait pas de discrimination sociale en Egypte pharaonique pour affaire de sexe ou de configuration physique (des Nains ont occupé de belles fonctions en Egypte, dans l'Administration pharaonique, ils ont même épousé des femmes de haute taille et bien situées socialement, professionnellement). »

Le terme égyptien "DNG" (deneg, deng, ding, danga) traduit par "nain" et rapporté pour "Pygmées" (mot grec signifiant haut d'une coudée), ne rend pas la réalité de l'existence de cette population reconnue et révélée par les textes anciens et actuels. Le mot nain se dit "NMW" (nemou). Il n'y a pas de confusion possible.

Le Pygmée n'est pas dévalorisé dans la tradition. Considéré comme surnaturel et mystique tout souverain veut l'avoir près de lui. Il accède aux objets sacrés pour les temples et les trônes. La simple présence permet de concilier la grâce du Très Haut. Cette présence préserve le roi des esprits maléfiques. C'est aussi pour contenir les forces débordantes, par conséquent, dangereuses.

La vertu et le bonheur d'accueillir le Pygmée Aka ne sont pas perçus par tout le monde. Herkhouf bien informé, le savait; toutefois, il attend du Pharaon des récompenses bien plus importantes que celles obtenues par l'envoyé du Pharaon Isesi Djedkarê vers la fin de la VIe Dynastie. La réaction du jeune Pharaon qui est un initié représentant à la fois le pouvoir temporel et intemporel, illustre son esprit curieux et son avidité du savoir. Le Pygmée offre l'occasion exceptionnelle qui permet de restituer la dimension absente de la cour royale. Le message du souverain ordonne dans les détails les conditions du transport du Pygmée Aka et conclut: « *Sa Majesté te pourvoira plus richement que ne fut pourvu jadis le Conservateur des Sceaux Divins Bar-Wer-Djed au temps du roi Isesi*[7]*; car il importe grandement à Sa Majesté de voir ce nain* ».[8]

De tout temps, par le passé ou le présent, les Pygmées ont occupé une fonction particulière auprès des souverains. Ils représentent pour le Pharaon, des intercesseurs auprès de la puissance divine et la force cosmique. On les retrouve donc à la cour comme «danseurs de Dieu», musiciens, chanteurs, imitateurs, comme ceux qui éloignent les génies maléfiques qui affaiblissent le roi. Leur musique réjouit le cœur du pharaon, tout comme l'on dit "la musique adoucit les mœurs". Ils sont par ailleurs employés dans des ateliers d'orfèvrerie. Des auteurs comme Leca et Montet rapportent que les premières opérations étaient accomplies par les hommes de taille normale alors que les travaux de finition, le polissage, le montage, étaient réservés aux nains. Ces orfèvres venaient de la Nubie comme l'or lui-même et qu'ils étaient par conséquent des Pygmées[9].

Il apparaît que les Pygmées localisés aujourd'hui dans la grande forêt équatoriale sont bien les premiers occupants préhistoriques de l'Afrique subsaharienne suivant une ligne qui part de l'Océan indien jusqu'à l'Atlantique, c'est-à-dire le même chemin emprunté par leurs ancêtres, et qui ont connu la migration depuis le berceau nilotique jusqu'à leurs zones-refuges actuelles. Précurseurs et "éclaireurs", répondant à des appellations souvent improprement attribuées (Aka, Baka, Babongo, Babenzélé, Babenga, Bambuti, Batwa, Yadenga), ils participent directement à l'émergence et à l'histoire des peuples africains, de l'humanité toute entière.

Des voyageurs, des explorateurs, des scientifiques, ont rencontré les "hommes à petite taille". Qu'ils se dénomment Aka, Babenzélé, Bayaka, Bambuti, ou qu'ils portent des noms attribués par d'autres peuples, ou encore des sobriquets, les Pygmées existent ; nous les avons vus. Pour mémoire, ce sont ces hommes et ces femmes dont les descendants sont venus au nombre de 16 parmi lesquels un bébé de six mois, à la Grande Halle de La Villette à Paris, en France ; arrivés un jeudi 5 juin 1991, ils repartirent en Centrafrique le dimanche 16 juin 1991[10]. Depuis lors, d'autres rencontres ou sorties à caractère culturel, scientifique, visant ces populations autochtones d'Afrique, se sont multipliées et se poursuivent en France, à travers l'Europe, en Amérique...

I.2. Localisation actuelle des groupes Pygmées

En Afrique, les Pygmées vivent dans plusieurs groupes différents à travers le Rwanda, le Burundi, le Kenya, la Tanzanie, l'Ouganda, l'Angola, la RDC, la République du Congo, la République Centrafricaine, le Gabon, le Cameroun, la Guinée équatoriale.

Une douzaine de groupes de pygmées au moins est dénombrée et beaucoup d'entre eux sont ethniquement sans rapport les uns des autres. Les groupes les plus connus sont les Aka, Baka, Benzele, Kola, Bongo, Gyele, de l'ouest du bassin du Congo, les Mbuti (Efés, Asua, Sua, Kango) de la forêt de l'Ituri, et les Twa (appelés aussi Cwa) de la région des Grands Lacs.

Groupes et désignations des Pygmées par pays

Gabon - Groupes :
- Babongo (Akoa) au centre du Gabon
- Baka (Bibayak) au Nord
- Bakoya à l'Est
- Bekui
- Barimba au Sud

Cameroun - Groupes :
- Baka (Bagombe)
- Bakola (Bagyeli)
- Bedzan ou Medzan

Rép. Centrafricaine : Aka (Babinga ou Babenga, Babénzélé, Bayaka, Yadenga)

Congo-Brazzaville : Aka (Babinga ou Babenga, Babénzélé, Bayaka)

République Démocratique du congo (RDC) - Groupes :
- Bambuti / Mbuti (Mbuti, Efe, Asua, Sua)
- Batwa

Guinée équatoriale : Bakola (Bagyeli)

Burundi : Batwa

Rwanda : Batwa

Ouganda : Batwa (Asua, Abayanda)

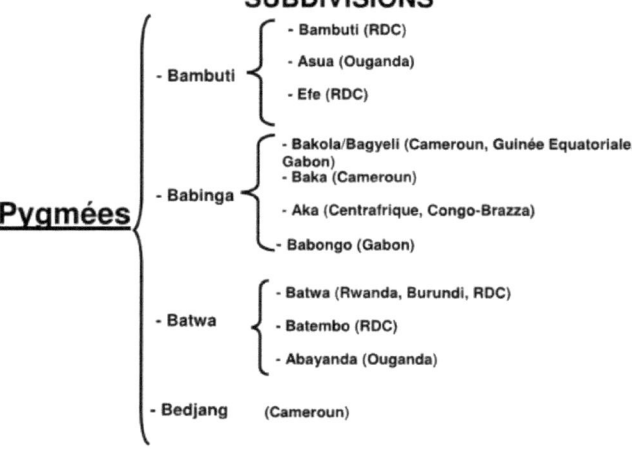

Les grands groupes pygmées et leurs subdivisions
[Document : Jean Nke Ndih, anthropoloque, écologiste]

II. Bès comme incarnation divine du DENEG dans le Panthéon pharaonique

II.1. La divinité Bès

La divinité apparentée aux Pygmées est appelée Bès. Elle fut attestée dans les textes égyptiens dès l'Ancien Empire.
« Bes, dwarf god... a god of Sûdâni origin, who wears the skin of the leopard, round his body. He was the god of
- music, dancing and pleasure;
- war and slaughter;
- childbirth and children. In late times he was symbolic of the destructive and regerative powers of nature, and was the lord of all typhonic creatures. »
(Cf. Wallis BUDGE, *An Egyptian hieroglyphic dictionary, volume I*, Dover Publications, INC, New York, 1978, page 223)

Bès portant la croix et la fleur de lotus (E. A. Wallis Budge, 1961)

D'origine Soudanaise ou plus exactement des confins méridionaux de la Nubie, Bès est considéré comme un Pygmée divinisé. Il est souvent invoqué par les prêtres SEM parce qu'il porte une tunique en peau de léopard du Sud.
Cette divinité est la patronne de l'art musical, de la danse rituelle et sacrée... Elle est aussi adorée par les guerriers et par les chasseurs.
Bès est cette divinité en Egypte qui a fait l'objet du culte de fécondité, de l'amour. C'est le protecteur contre le mal et celui qui veille sur les femmes en couches. Il est censé protéger les « nouveaux nés ».
Il a des pouvoirs surnaturels qui peuvent lui permettre de contrôler aussi bien les forces Sethiennes (destructrices) que les forces Osiriennes (régénératrices). L'image de Bès masqué, grimaçant, dansant, air menaçant, figure régulièrement dans des représentations. Une étude faite par Milena Perraud lui est consacrée [Cf. "Appui-tête de l'Egypte ancienne à figuration de Bès: un essai d'iconologie" in *H. & A.*, n°3, avril-juin 1993, pp. 20-23]. Selon certains chercheurs, rapporte l'auteure, un culte à des nains dansants est bien mentionné dans le texte des Pyramides; et pour Bruyère, ces nains sont des danseurs, des musiciens, des Pygmées, qui apportent l'or et l'encens, assurent santé et repos, protègent les naissances et éloignent les puissances maléfiques, tout comme Bès.

Dans l'état actuel de la documentation, tenant compte des approches et de la convergence des vues, il paraît possible de situer l'origine et de localiser Bès.
1) - « *On lit, à son sujet, les opinions les plus variées... Vassal pense qu'il a une origine centro-africaine qui l'apparentait, dans l'esprit des anciens Egyptiens, aux Pygmées. Cette hypothèse est la plus vraisemblable et expliquerait que ce soit précisément ces Pygmées qui*

avaient été choisis pour "danser le dieu".» [Ange-Pierre LECA (Docteur), *La médecine égyptienne*, Paris, Ed. Roger Dacosta, 1983, p. 251]

2) - « *Bes was a very ancient god, possibly of Sudanese origin. He is usually depicted as a squat male figure - a dwarf, or perhaps a pygmy - with a large head, a lion's mane, protruding ears, flat nose, bow-legs, a tail and a long penis. He sometimes wears a panthers skin wrapped round his body and a crown of feathers on his head. His ugliness, and the fact that he was shown pulling tongues, at his beholders, made people laugh and frightened away demons. He also killed snakes and others harm full animals.* » [Barbara WATTERSON, *The Gods of Ancient Egypt*, B.T. Batsford, London, 1984, p. 127]

3) - « *The figure of Bes suggests that his home was a place where the dwarf and pygmy were held in easteen, whilst his head-dress resembles those head-dresses which were, and still are, worn by the tribes of Equatorial Africa, and this would lead us to place his home in that portion of it which lies a few degrees to the north of the Equator. The knowledge of the god, and perhaps called the "Land of the Spirits," to Egypt in the early dynastic period, when kings of Egypt loved to keep pygmy at their courts. The earthly kinsmen of the god who lived to the south of Egypt were, no doubt, well known even to the predynastic Egyptians, and as the dynastic Egyptians were at all times familiar with the figure of Bes those of the late period may the forgiven for connecting him with the "Land of the God", or Punt, whence, according to tradition, came the early people who invaded the Nile Valley from the east, or south-east, and settled in Egypt at no great distance from the modern city of Kenya.*» [E.A. Wallis BUDGE, *The Gods of the Egyptians, or studies in Egyptian mythology*,

Dover Publications, INC, New York, Vol. II, 1972, pp.278-288.]

4) - Dans la relation présentée par Véronique DASEN [cf. « Nains et pygmées: Figures de l'altérité en Égypte et Grèce anciennes » in: *Penser et représenter le corps dans l'Antiquité*, 2006, pp. 95-113], *« Les éléments essentiels de l'iconographie de Bès, la frontalité et l'hybridité, sont déjà présents sur les plus anciennes images du dieu. Sur les « bâtons magiques » du Moyen Empire, des objets en forme de croissant fabriqués en ivoire d'hippopotame, l'ancêtre de Bès apparaît presque toujours de face, les jambes fléchies, écartées, dans la même attitude que les pygmées danseurs contemporains... Au Nouvel Empire, probablement suite à l'intensification de contacts avec l'Afrique, notamment avec le royaume de Pount, l'iconographie de Bès s'enrichit de détails qui expriment encore plus clairement ses liens avec un Sud mythique. Il adopte désormais de manière constante les proportions d'un nain-pygmée, associées à des éléments animaux qui évoquent la faune mythique du désert. Il arbore les oreilles, la crinière et la queue d'un félidé, lion ou panthère, dont il porte parfois la peau sur son dos. Son déhanchement, très marqué de profil, évoque si bien la posture d'un babouin qu'il est parfois difficile de distinguer un Bès animalisé d'un singe anthropomorphisé.*

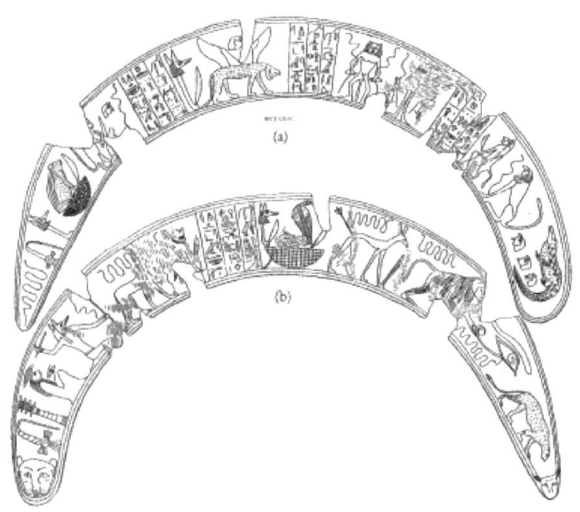

Légende : Ivoire magique (L. 41 cm) (XIIe dynastie). Dessin d'après LEGGE F., « The magic ivories of the Middle Empire », *PSBA*, 27 (1905), pl. IV, fig. 4).

5) - *Le même dieu, sous le nom de Bès, était surtout très répandu en Egypte, et c'est là que se rencontrent ses images les plus anciennes : une tête de ce type décore un manche de miroir qui remonterait, suivant les observations de M. Mariette, à la sixième dynastie. Bès était souvent associé, par contraste, à la belle déesse Hathor, et les dames égyptiennes aimaient à retrouver sa figure grimaçante sur leurs ustensiles de* toilette. Dieu guerrier, mais aussi *ami de la musique et de la danse, il paraît avoir été surtout envisagé, dans l'ancienne Egypte, par le côté plaisant de sa nature. Son image, dit encore M. Mariette, était un symbole de joie; pour cette cause, elle était associée, dans les tombeaux et particulièrement sur les chevets funéraires, aux idées de résurrection, qu'il représentait aussi comme gardien de l'un des pylônes de la région infernale.* [Cf. Léon Heuzey « Sur quelques représentations du dieu grotesque appelé Bès par les

Égyptiens », séance du 6 juin 1879, in *Comptes rendus des séances de l'Académie des Inscriptions et Belles-Lettres* Année 1879 Volume 23 Numéro 2 pp. 140-149, Paris, Imprimerie nationale].

6) – Aminata Sackho-Autissier, dans sa conférence au sujet des representations de Bès et de Satyres à l'époque méroïtique, rappelle : « *A partir de la Troisième Période intermédiaire (environ 1069-664 av.J.C), l'invocation du pouvoir redoutable de Bès est fréquente – comme en témoignent les nombreuses statuettes hybrides de "Bès Panthée" et la banalité du thème de Bès, gardien du jeune Horus. De même, Bès est étroitement lié au Soudan, au sud et au lointain, notamment à l'Afrique. Ce rapport avec l'Afrique lointaine est révélé par le rôle qu'il joue aux côtés d'Hathor-Tefnout dans le mythe de l'Œil de Rê et permet, ainsi, de l'associer aux croyances solaires. Indépendamment du Soudan, Bès tient une place prépondérante dans la théologie solaire : il assiste au lever du soleil dans l'horizon oriental et proège le jeune soleil. C'est le gardien de Rê dans le monde des Morts* »
[Cf. Sackho-Autissier, Aminata, « Les représentations de Bès et Satyres à l'époque méroïtique : syncrétisme ou confusion des emblèmes ? », in *Acta Nubica, Proceedings of the X International Conference of Nubian Studies*, 2006, 497 pages (p. 307)].

7) – « Bès, Bas, Bs : le dieu Bès est connu dès la fin de l'Ancien Empire et reste populaire jusque sous l'empereur romain Constantin (IVe siècle ap. J.C.) où il devient Bès-Panthée. Il était représenté de *face*, sous les traits d'un pygmée (*deneg* en Egyptien, et non d'un nain que l'on distinguait par le terme *nemou*) à face *barbue* et *grimaçante* avec *une queue de lion*. Ses oreilles de lion sont décollées sur le côté, ses yeux exorbités, son nez

épaté et sa bouche entrouverte laisse paraître sa langue. »
[R. Chaby et K. Gulden, 2014, in *Le Char Du Dieu* par
Dibombari MBock, Angeli Editions, 28 févr. 2016, 224
pages (p. 198)].

8) - « Le dieu Bès, était vénéré dans toute l'Egypte comme une sorte de génie protecteur du foyer, de divinité domestique et de dieu de la fertilité, du mariage et de la grossesse. C'était aussi le dieu de la musique et de la danse. Il ornait enfin les monuments sacrés en relation avec naissance comme les mammisi ». [Hamdi Mahmoud El-Elimi, Faten « Une amulette du Dieu Bès découverte à Tell el-Maskhouta », in *Cahiers Caribéens d'Egyptologie, i-Medjat* n°9, septembre2012, pp. 6-7].

9) – « Several explanations of the name Bes have been given (MALAISE 1990:691-692). His name has been connected with verbs meaning "to initite", "to emerge" and "to protect". Very recently, arguments have been brought forward that a Bes means a prematurely born child or fœtus, which was enveloped in a lion's skin and kept in a basket of reads or rushes (MEEKS 1992 ; BULTÉ 1991:102.108-109). So it seems possible that the dancing, jesting and sometimes aggressive gnome or lion-man Bes was a personification of a prematuraly born child or fœtus, who protects mother and child. It may be that the personal name Bes was considered to be a fitting name for premarurely born chlidren. ». [Cf. *Dictionary of Deities and Demons in the Bible*, by Karel van der Toorn, Bob Becking, Pieter Willem van der Horst. Wm. B. Eerdmans Publishing, 1999, 960 pages (p. 330)]

Le culte du dieu Bès bien qu'attesté dès l'Ancien Empire avec notamment Mérenrê I et Pépi II Néferkarê, prit un

essor remarquable à partir de la XIe dynastie. La divinité a été vénérée jusqu'à la fin de l'époque pharaonique; même après que le christianisme se soit installé dans le pays et qu'il devienne la religion dominante, le peuple égyptien lui resta fidèle. La ferveur était également ancrée aux alentours des côtes méditerranéennes dans de nombreux foyers, tant en Grèce qu'à Rome, à Chypre, en Phénécie. Sous sa forme panthée, Bès reflétait plusieurs fonctions divines. Il devenait protecteur universel.
.

II.2. Les temples et les sanctuaires dédiés à Bès

II.2.01. Dendérah

Bas-relief de Bès dans le parvis du temple de Denderah.

Bès apparaît souvent dans les chapelles hatoriques du fait qu'il partage les mêmes attributions que celles de la déesse Hathor, comme la musique, la danse, la joie, l'amour, la naissance.
Celle-ci est représentée sous les traits d'une vache céleste ou d'une femme portant des cornes entourant un disque solaire. Considérée à la fois comme une déesse lunaire et un soleil féminin, Hathor est l'incarnation d'une déesse qui porte le soleil avec ses cornes en forme de croissant de lune, la voûte céleste assimilée à son pelage. C'est aussi l'étoile Sirius, la plus brillante de toutes les étoiles. Généralement, le nom Hathor se traduit par « château

d'Horus » qui désigne l'espace clos dans lequel Horus solaire se déplace.

Placé dans le mammisi, Bès était censé protéger les femmes en couches du mauvais œil.

Le mammisi d'époque romaine, appelé aussi Mammisi d'Auguste, du grand temple d'Hathor de Dendérah avec ses chapiteaux composites surmontés d'un dé, il y figure Bès en tant que protecteur des naissances.

Le temple bâti fut commencé sous Ptolémée IX et sa construction ne sera achevée qu'à l'époque romaine, sous le règne de Néron. Hathor était particulièrement vénérée à Dendérah mais également au temple de Deir-el-Bahari, dans la Vallée des Rois.

II.2.02. Philae

Bès sur une colonne du temple d'Hathor non loin du sanctuaire d'Isis à Philae, joue du tambourin. Sur une autre colonne du temple, on le voit jouer de la harpe.

II.2.03. Le temple de Mout à Karnak

Représentations du dieu Bès dans l'épaisseur du pylône d'entrée du temple

Le temple de Mout a été édifié par Aménophis III, restauré par Ramsès II et principalement par Ramsès III, puis embelli à l'époque ptolémaïque. - Dans l'épaisseur du pylône d'entrée, on aperçoit des représentations du Dieu Bés. Dans la première cour s'élève une colonnade protodorique d'époque koushite.

Dans l'épaisseur du pylône d'entrée du temple quasiment détruit, on aperçoit des représentations du Dieu Bès.

Mout symbolise les valeurs maternelles. Elle est l'épouse du dieu Amon et la mère du dieu lunaire Khonsou. Déesse égyptienne, reconnue comme la Mère du soleil et la Reine des cieux, Mout est la déesse-vautour du sud planant dans les cieux, avec l'œil de Rê, la vue perçante, qui surveille et protège.
Redoutable, guerrière, crainte, Mout s'identifiée à la lionne Sekhmet. Elle apparaît sous forme de femme ou de vautour, porte sur la tête la double couronne (pschent) posée sur une dépouille de vautour. Mout se représente aussi avec une plume d'autruche de la déesse Maât.

II.2.04. Le temple de Khnoum à Esna

Bès sur une colonne du temple de Khnoum à Esna

Ce temple a été commencé au début du 2e siècle avant notre ère, mais les dirigeants ont contribué avec des ajouts et de nouvelles décorations pour les 400 années suivantes. Il était dédié à Khnoum[11], le dieu qui avait créé le monde entier et fait les premiers êtres humains à l'aide de l'argile du Nil.

Le cadre moderne du temple est « étrange ». Il se trouve à 10 mètres en dessous du niveau actuel du sol, avec la ville d'Esna sur tous les côtés.

La salle hypostyle dispose de 18 colonnes (plus 6 intégrées dans la façade). Chacune d'elles a des thèmes dépeints différemment, d'où celle qui fait apparaître le très Bès.

II.2.05. Sedeinga : Découverte des traces du dieu Bès et du temple érigé par Aménophis III à la gloire de Tiyi la grande épouse royale

Amulette en faïence représentant le dieu Bès.

Cette représentation du dieu Bès, sous forme d'« Amulette en faïence », provient du site de Sedeinga au Soudan localisé entre la seconde et la troisième cataracte sur la rive gauche du Nil, à une trentaine de kilomètres au sud de l'île de Saï. Les travaux de fouilles ont été effectués par l'équipe de Claude Rilly, chercheur au CNRS et directeur de la mission archéologique française de Sedeinga, et de Vincent Francigny (directeur adjoint, archéologue), rendus publics en 2010.

C'est à Sedeinga que le pharaon Amenhotep III avait fait construire un temple dédié au culte de la reine, la grande épouse royale, la nubienne Tiyi, mère d'Akhenaton.

La Reine Tiyi, épouse du pharaon Amenhotep III, mère d'Amenhotep IV (Akhenaton).

Les représentations du dieu Bès se rencontraient dans toute l'Egypte (lieux publics, temples, foyers familiaux, portées sur soi…). D'autres spécimens se retrouvaient de manière inattendue ; tel est le cas de la statuette (datant de la XXXe dynastie) découverte le 1er novembre 1851 par Auguste Mariette lors des fouilles effectuées à Saqqara à la recherche du Sérapeum[12].

II.2.06. Tatouage à l'effigie du dieu Bès sur le corps et sur un collier

Une musicienne avec un tatouage de Bès sur la cuisse

La représentation montre une figure du dieu Bès, patron des musiciens et des danseurs, sur la cuisse d'une joueuse de luth.
L'objet est un bol à vin en faïence. Egypte, vers 1400-1300 av. J.C.

Jeanne (Marie Thérèse) Vandier d'Abbadie précise au sujet du tatouage de Bès sur la cuisse de la musicienne, en un addendum dans son article « Une fresque civile de Deir El Médineh » :

Paris, 22 mars 1937

« *A la dernière minute, je retrouve par hasard un intéressant exemple de musicienne tatouée d'une figure de Bès. Il s'agit d'une coupe de faïence bleue de la fin de la XVIIIe dynastie (ou début de la XIXe) conservée à Leyde (Steindorff, Die Kunst der Ägypter, Leipzig, 1928, pl. 275b Au fond de cette coupe, est représentée une femme nue assise sur un coussin et jouant du luth; un petit singe est debout derrière elle. Sur la cuisse gauche de la musicienne est dessinée très nettement la silhouette du dieu Bès. Le quatrième exemple d'un détail si rare m'a semblé trop intéressant pour ne pas le signaler ici.* »
[Cf. *Revue d'Egyptologie,* édition de 1938 publiée par la Société Française d'Egyptologie Tome Troisième, Le Caire. Imprimerie de l'Institut Français d'Archéologie Orientale, pp. 27-35]

Une fille Nubienne portant un pot cosmétique et le collier avec l'effigie du dieu Bès

La jeune nubienne, danseuse ou servante, porte une ceinture d'or sur ses hanches et une amulette autour du cou

à l'effigie du dieu Bès. Elle fait appel à la divinité pour la protection contre toutes sortes de mauvaises influences. L'adolescente, tête rasée avec une touffe de cheveux tressés sur le côté, nue, tient fermement un grand bocal à couvercle tout en l'appuyant contre elle.
La statuette date de l'Ancienne Egypte, 1350 av. J.-C. Elle est en bois peint et feuille d'or. La figure provient des fouilles menées au cours du 19ème siècle dans un secteur funéraire sur la rive ouest du Nil près du centre sacerdotal de Thèbes en Egypte centrale.

II.2.07. Appui-tête orné du visage du dieu Bès

L'appui-tête a ici la forme d'un pliant dont les pieds représentent des pattes de félin. De part et d'autre de l'appui-tête a été sculptée une tête du dieu Bès [Cf. Thèse de recherche sur les Appuis-tête.][13]
Bès protège le dormeur ou le défunt qui doit connaître une nouvelle naissance.
Bès veille non seulement sur l'enfant à naître mais sur les prématurés dont il doit assurer le développement complet et la renaissance dans l'au-delà. Le chevet évoque le réveil après le sommeil, la mort, la résurrection.

II.2.08. Satamon et le fauteuil funéraire portant l'effigie du dieu Bès

Fragment du décor de fauteuil royal de SATAMON : deux génies Bès dansant, encadrent, dans le défilé, la déesse Taouret[14].

« *Décor du même fauteuil royal déposé par l'épouse royale Satamon, fille d'Aménophis III, dans le tombeau de ses grands-parents, c'est-à-dire des beaux-parents d'Améniphis III (Youya et Touya). Deux génies Bès dansant, encadrent, dans le défilé, la déesse Thonéris aux lourdes mamelles, dressée sur ses pattes postérieures, gueule ouverte, langue pendante, un crocodile suspendu au dos ; " scène d'un burlesque puissant et gai, "satirique". Des monstres qui ne sont point effrayants. La parente semble évidente avec les satyres du théâtre grec du Ve siècle avant J.-C.* »
[Cf. Cheick Anta Diop, *L'Antiquité Africaine par l'image*, Edit. Présence Africaine, 1975, p. 55 et 135]

Chaise au nom de Satamon, bois doré, effigie de Bès (1/2)

Le décor du dossier intérieur, réalisé d'une feuille d'or appliquée sur le bois stuqué, nous montre une scène en "miroir". La princesse est assise sur un fauteuil posé sur une natte, elle porte sur la tête la plante de papyrus, symbole de la fécondité. Une jeune fille qui se tient debout devant elle, lui présente un collier sur un plateau.
Selon le texte hiéroglyphique, il est dit que ces dons venaient des « terres du sud ».

Chaise au nom de Satamon, bois doré, effigie de Bès (2/2)

La chaise représentant Satamon ; sur le devant, deux petites sculptures décrivant Satamon, épouse royale, fille aînée d'Aménophis III et de la reine Tiyi.
[Cette chaise fait partie des objets funéraires du trésor de Youya et Touya, 18ème dynastie. Elle provient du tombeau situé dans la vallée des Rois, région d'Égypte située sur la rive occidentale du Nil à la hauteur de Thèbes (aujourd'hui Louxor).].

II.2.09. Les chars de Toutankhamon : tête du dieu Bès faisant partie du harnachement des chevaux

Tête du dieu Bès, en or et argent incrusté

Un char, trouvé dans l'antichambre du tombeau de Toutankhamon (*mort à 19 ans en 1 324 avant l'ère commune après avoir régné neuf ans*) par Edward Carter en 1922. Parmi les cinq chars retrouvés dans la tombe figuraient deux chars d'apparat du pharaon. Les moindres pièces du harnachement des chevaux étaient, elles aussi, prétexte à de fastueuses réalisations : telle cette tête du Dieu Bès, servant au passage des sangles. Musée du Caire.

Le char de Toutankhamon

II.2.10. Le temple de Bès à Bawiti dans l'Oasis de Bahariya

Le temple de Bès à Bawiti dans l'oasis de Bahariya

Dans l'oasis de Bahariya à Bawiti, la principale ville, ont été retrouvés les vestiges d'un temple dédié à Bès.

Statue de Bès

Le temple date de la période grecque. Le culte et le temple ont perduré jusqu'au IVe siècle après J.C.
Les ruines furent découvertes après qu'un paysan en 1988 ait trouvé un morceau de basalte portant le cartouche du pharaon Amenhotep IV (Akhenaton) de la 18ème dynastie. Il a été ainsi découvert une image de 120 centimètres de haut du dieu Bès sculptée avec le cartouche d'Akhenaton. La figure est maintenant exposée au Musée égyptien au Caire.

II.2.11. Bès et Israël antique

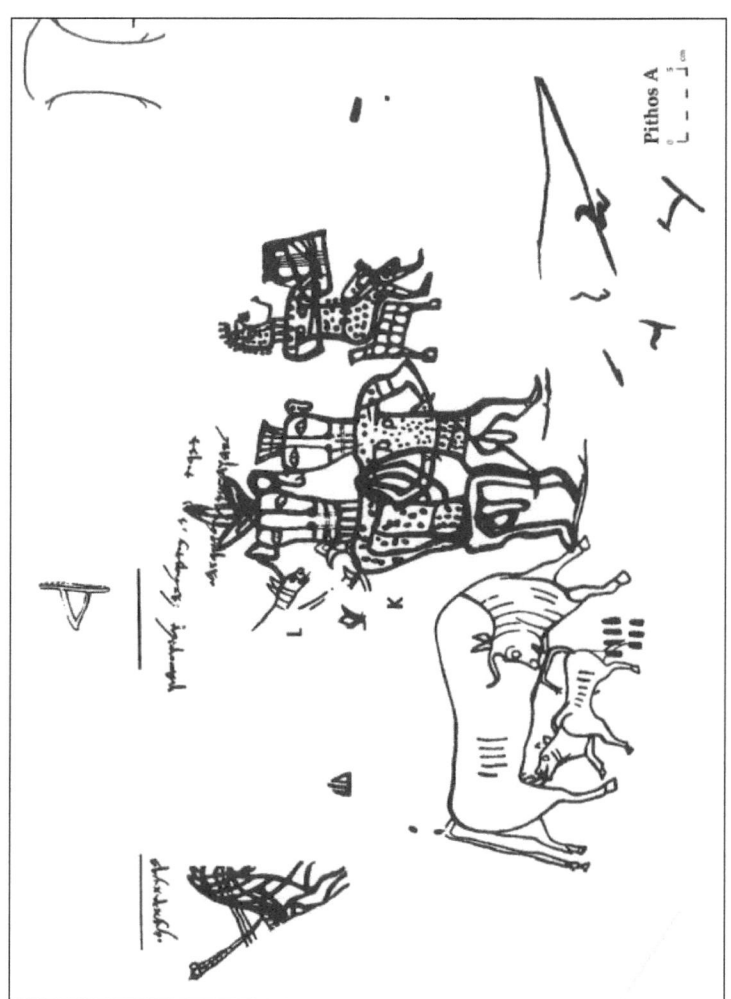

Kuntillet 'Ajrud

Site archéologique situé au Nord-Est de la péninsule du Sinaï. Il s'agit des ruines d'une ancienne forteresse du royaume de Juda, datés des IXe et VIIIe siècles av. J.-C., construite sur une colline surplombant la plaine du Wadi Qurayyah : Scène peinte sur un fragment du Pithos. [Cf. A Guy Rachet: *Yahweh et son Ashérah*, 2008]

 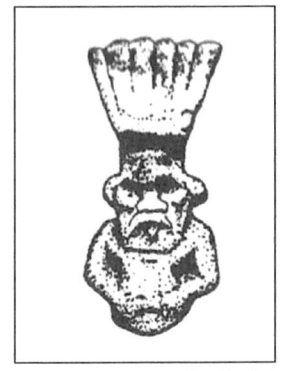

Figurines représentant le « dieu Bès » provenant de Lakish et de Tell el-Safi - site archéologique situé dans la Shéphélah à 40 kilomètres au sud-ouest de Jérusalem en Israël. [Cf. Guy Rachet: *Yahweh et son Ashérah*, 2008]

« On Pithos A from Kuntillet 'Ajrud two figurines occur which can be interpreted as Bes-depictions probably a male with a bisexual feminized variant (KEEL & UEHLINGER 1992:244-248). Bes-amulets from the Iron-Age have been excavated at e.g. Lachish, Tell-Jemme and Gezer (KEEL & UEHLINGER 1992:244-251). The archeological evidence suggests that Bes was known in Palestine in the Iron Age as an apotropaic demon esp. in times of pregnancy and birth. » [Cf. *Dictionary of Deities and Demons in the Bible*, by Karel van der Toorn, Bob Becking, Pieter Willem van der Horst. Wm. B. Eerdmans Publishing, 1999 - 960 pages (p. 173)]

III. Les attributions et figures de Bès

III.1. Les 9 attributs de Bès dans le Panthéon pharaonique

III.1.01. Bès est le protecteur des femmes en couches

Bès était vénéré comme un dieu tutélaire de l'amour, de la fertilité, de la grossesse, de la maternité, du mariage. Protecteur des femmes enceintes, parfois en compagnie de Taouret et d'autres divinités, il met en fuite les mauvais génies lors de l'accouchement. Ses représentations se trouvent en bonne place dans les mammisis des temples (chapelles consacrées à l'accouchement divin).

Le dieu Bès est censé protéger les femmes en couches du mauvais œil. Quand ces femmes portent le talisman, elles ne peuvent faire d'avortements, accoucher de personnes difformes. [Cf. Aboubacary Moussa LAM – El Hadji Malick DEME, « Grossesse, accouchement » et « Bès, le dieu protecteur de la maternité » in *ANKH* Revue d'Egyptologie et des Civilisations Africaines, N° 23/24, 2014-2015, pp. 81-93.]

Divinité populaire par excellence, c'est à lui que les femmes qui attendent l'accouchement se vouent en tout premier lieu, vient ensuite la déesse Taouret, l'accoucheuse. Ces parturientes adressent des paroles et des prières spécifiques. Elles évoquent aussi Hathor, déesse de la beauté, de l'amour, de la maternité, Isis, la mère idéale, la « Reine de toutes les divinités ».

Alexandre Moret rapporte dans sa publication, *Du caractère religieux de la royauté pharaonique* (1902, pp. 54-56), le cas de la naissance divine du roi où Bès prend part en tenant à l'écart toute influence mauvaise et tout méchant esprit :

« A Deir el Bahari, la reine a déjà reçu sa fille entre ses bras et présente à plusieurs divinités qui ont joué le rôle de sages-femmes. A Louxor, le double de l'enfant royal est né le premier; il est déjà aux mains des déesses nourrices; les sages-femmes se préparent à recevoir l'enfant lui-même. Tous ces personnages sont sur une estrade en forme de lit ; derrière la reine sont les déesses protectrices des accouchements conduites par Isis et Nephthys ; aux deux côtés du siège royal, deux génies font monter par-dessus leur tête la flamme de vie vers l'enfant et son double ; tout autour les esprits de l'Est, de l'Ouest, du Sud et du Nord tendent le signe de vie ou poussent des acclamations ; dans un coin, le dieu grotesque Bès et l'hippopotame femelle Api tiennent à l'écart par leur seule présence toute influence mauvaise et tout méchant esprit. Spectatrice de la scène, une des déesses de l'enfantement, Maskhonit lève le bras pour lancer le fluide et prononce la formule par laquelle l'enfant sera "douée comme reine du Sud et du Nord" ».

L'accouchement (*Louxor*, pl. LXV, A. Moret) : Bès, par se présence, tient à l'écart toute influence mauvaise et tout méchant esprit.

III.1.02. Protecteur des nouveau-nés

Bès, protecteur des femmes en couches, est aussi le protecteur des nouveau-nés, des prématurés, des jeunes enfants. Il protège des mauvais esprits.

Une fois l'enfant royal naît, Bès utilise les produits de la nature pour assurer son évolution : les plantes, les jus extraits des plantes nommées « l'âme végétative ». Elles vont de l'aromatique jusqu'aux euphorisantes ayant pour effet de solidifier l'os, de raffermir la chair, et par inhalation pour le cerveau. L'enfant s'abreuve du « lait divin », du lait de vache, du lait maternel, aux vertus vivifiantes. [Cf. Volokhine, Youri, « Le lait et l'allaitement dans le discours égyptien sur la constitution du corps » in *Anthropozoologica*, 2017, 52 (1), pp. 83-90 - Publications scientifiques du Muséum national d'Histoire naturelle, Paris]

Il est fait donc appel à une médecine naturelle curative basée sur les plantes. Des textes de papyrus médicaux existent à cet effet. Les thérapeutiques spéciales d'ordre psychologique sont aussi pratiquées.

III.1.03. Bès : celui qui utilise les instruments pour créer la symphonie et la parole

La danse, la musique sont présentes au cours de tous les évènements marquant la vie des Egyptiens. Tant le répertoire est important et varié : danses funéraires, danses hathoriques, danses des rites de passage, à l'occasion des naissances, des décès, des mariages, des travaux agricoles, des célébrations royales.

Dieu du bonheur, de la joie, de la danse, protecteur de la famille, Bès figure, et à ce titre, dans tous les foyers égyptiens où des statuettes à son effigie ont leur place sur les autels du culte domestique. Apotropaïque populaire, il est souvent représenté en train de danser ou de jouer du tambourin autour du lit du nouveau-né pour éloigner les esprits malins.

Tout comme le Pygmée, Bès est capable de discerner les signes qui se manifestent à travers la musique (la symphonie de la nature, la portée thérapeutique). Il joue « les instruments censés parlés » comme la harpe, la lyre, le tambourin ou tambour, le hautbois. Il danse pour distraire les dieux et faire régner la bonne humeur ainsi que l'harmonie, l'équilibre.

III.1.04. La chorégraphie sacrée

La musique n'est qu'un des supports et vecteurs de la communication, un des moyens d'intercession entre les hommes et l'invisible [Cf. *Contribution à l'histoire ancienne des Pygmées*, 2004, p. 34].

Bès pratique, tout comme le Pygmée Aka, la musique curative et la chorégraphie sacrées, des rites et croyances religieuses. Le même rapport avec « Le danseur de Dieu » s'établit en relation avec l'astre solaire et le rythme cosmique. Considéré comme le patron de la danse, Bès intervenait en particulier dans les temples comme musicien auprès de la déesse Hathor. Chaque moment de la vie s'accompagnait de figures réglées ou d'une chorégraphie particulière.

Les Egyptiens pratiquaient ainsi la danse de la fertilité, la danse astrale, des danses au cours des fêtes et des réjouissances célébrant les divinités[15].

III.1.05. Bès, celui qui a fait connaître les arts martiaux

Les pharaons apprenaient dans des institutions qui leur permettaient de raffermir le corps et l'esprit, le pouvoir d'affronter par surprise un ennemi, des animaux. D'ailleurs, l'ennemi est souvent en Egypte de la période dynastique, assimilé à une bête féroce qu'il faut abattre. Bès joue le rôle protecteur contre les forces nocives d'où qu'elles viennent. Les amulettes à son effigie ou ses représentations ont dès lors une fonction apotropaïque.

Voici, dans *Jacques Attali - Perspectives société*, l'auteur – Jacques Attali – qui croise son regard contemporain avec

celui des temps anciens en Egypte et tranche précisément la question des arts martiaux :
« ... Moïse détourne la magie des prêtres égyptiens pour frapper le pharaon. Et les arts martiaux japonais en ont fait leur philosophie depuis des millénaires. Demain, peut-être, ces terroristes détourneront et retourneront contre nous nos réseaux... ».

III.1.06. Bès, un connaisseur de l'anatomie humaine

Bès utilise les plantes, les jus extraits des plantes nommées « l'âme végétative » ayant pour effet de solidifier l'os, de raffermir la chair [Cf. le point III.1.02 indiqué ci-dessus « Protecteur des nouveau-nés »].

Dieu bienfaisant, Bès use de ses qualités de guérisseur qui concernent particulièrement le domaine sexuel. A Saqqara, ont été trouvées des chambres dont les murs sont ornés de son effigie accompagnée d'un personnage nu dansant et jouant au tambourin – il s'agit de la parèdre, sa compagne Béset qui est aussi déesse de la musique. Des chambres destinées aux pèlerins qui souhaitaient retrouver leur fertilité ou leur virilité, ont été aménagées. Ils pouvaient y être accueillis pour la nuit, dans l'espoir d'être visités en songe par le dieu et de résoudre le problème rencontré.
Pendant l'Ancien Empire, Bès a été associé aux rites de fertilité et à la circoncision.

III.1.07. Bès intercesseur entre le cosmos et l'être humain

Le dieu traversa toute l'époque pharaonique. Durant la période ptolémaïque, on le représentait sur des bas-reliefs et certains éléments architecturaux de sanctuaires de la Vallée du Nil. Le peuple égyptien lui resta fidèle alors même que le christianisme devenait la religion dominante.

A l'époque gréco-romaine, Bès est devenu le protecteur des morts au même titre du dieu Osiris. Au temple funéraire de Séthi Ier à Abydos[16], dans un espace consacré, il y était vénéré comme dieu guérisseur et rendait des oracles que l'on consultait encore au IVe siècle ap. J.-C. Les questions qui se posaient touchaient l'avenir des patients et leurs soucis de la vie quotidienne, comme leur santé, les problèmes sexuels, leur projets de voyage, leurs problèmes sociaux, professionnels ou familiaux (mariages séparations, remèdes, guérison, richesse...).

Les égyptologues Jean Leclant et Gisèle Clerc, en référence à Fumo Jesi, soulignent dans *Inventaire bibliographique des Isiaca (Ibis)* : « Bès, protecteur des naissances, serait, par là-même, en rapport avec l'initiation, puisque celle-ci peut-être considérée comme une renaissance. Silène aurait été dans la religion hellénique primitive le dieu de passage dans l'au-delà. P. 272 sq., F.J. donne d'autres exemples illustrant les rapports entre Bès et Silène grâce à leurs fonctions initiatiques. » [Cf. *Inventaire bibliographique des Isiaca (Ibis) : E-K*, 1972, Ed. Brill Archives, p.128]

Oum Ndigi dans une thèse de doctorat soutenue en 1997 rapporte une source précieuse : «le dieu Bès apparaît à la lumière de l'étude de J.-M. Kruchten, d'une part, et de celle de Jési, d'autre part, comme la divinité par excellence qui initie au mystère de la vie, au sens égyptien, parce que seul, il fait passer du monde profane au monde sacré, selon les termes de Kruchten : c'est lui le principe même de la religiosité.»[17]

Bès est l'interpréteur des rêves, et aussi gardien de l'astre solaire, dépositaire et récipiendaire des initiés supérieurs en liaison avec la Maât, entre autres Nout et Isis. Il fait fuir les influences néfastes, éloigne les esprits maléfiques et leur empêche d'apparaître dans le sommeil.

III.1.08. La nourriture du corps

Bès est la divinité du mariage. Il participe également à la toilette quotidienne des femmes. Son effigie d'une grande variété était sculptée sur les miroirs, des boîtes à cosmétiques, des objets de maquillage, des taies d'oreiller, des draps nuptiaux, des repose-tête.

Les Egyptiens de l'époque pharaonique utilisaient des produits cosmétiques non seulement pour des raisons esthétiques et médicinales, mais aussi pour des préoccupations religieuses liées à la conservation et à l'éternité du corps.

Les fards étaient essentiellement à base de graisse végétale (huile d'olive ou de noix, beurre de karité ou huile de palme) ou animale (graisses de crocodile et d'hippopotame), de miel ou de la cire, d'extraits de plantes. Deux Papyri retrouvés, Ebers (1550 av. J.C., découvert à Thèbes en 1860) et Edwin Smith (1600 av. J.C., acquisition en 1862 en séjour à Thèbes), exposent de nombreuses recettes d'onguents.

Protecteur et gardien des dormeurs, Bès garantit pour les humains des nuits calmes et du sommeil paisible en écartant toutes les puissances hostiles. De ce fait, les Égyptiens décoraient leurs lits par des représentations diverses. Ils avaient dans leurs foyers, un petit autel où ils plaçaient des figurines du dieu Bès.

III.1.09. La chasse rituelle

Le pharaon s'initie à la chasse. Il apprend à bander l'arc, à se servir du boomerang ou le bois de jet.

La chasse rituelle permet ainsi au pharaon d'acquérir l'équilibre des forces divines ou l'énergie nécessaire à sa fonction. Le pharaon doit apprendre à surprendre, à se dissimuler dans la végétation, à entraver l'éléphant, les animaux féroces.

Les nobles prenaient également part à des expéditions de chasse, y compris au gibier à plumes, et de pêche, loisir qui avait une signification rituelle et religieuse.

Bès protège les hommes contre les forces néfastes, les esprits malfaisants, les animaux dangereux comme les reptiles, les crocodiles du Nil, les scorpions, les insectes et les fauves du désert.

III.2. Les figures de Bès : illustrations et commentaires

III.2.01. Figure du dieu Bès jouant de la harpe Temple d'Hathor de Philae : sur l'une des colonnes

Croquis réalisé par Sir Ernest Alfred Willis BUDGE; "*Les dieux égyptiens* ", page 285 (second volume, Londres 1904).

III.2.02. Le « dieu Bès guerrier » avec l'image du dieu Apis sur la coiffure

Le dieu Bès appelé ici « Bès guerrier », « Bès à Apis », brandit un glaive. Il est coiffé d'un modius qui porte six hautes plumes au sommet desquelles se trouve un pectoral sculpté du taureau Apis[18] marchant de profil. Epoque ptolémaïque [IIIe ou IIe siècle av. J.-C.].
Céramique à base de limon du Nil brun-rouge, 25 cm, provenant du sud du téménos d'Héracleion (Thônis-Héracléion, Baie d'Aboukir, Égypte). Fouilles sous-marines de l'IEASM avec l'archéologue et plongeur Franck Goddio.
Visuel disponible dans le cadre de la promotion de l'exposition « *Osiris, mystères engloutis d'Égypte* », du 8 Septembre 2015 au 31 janvier 2016 (prolongée jusqu'au 6 mars 2016). Institut du monde arabe à Paris.

III.2.03. Bès et Taouret assistent à la naissance du souverain de l'Égypte

La naissance est symbolisée par l'apparition du souverain à travers les pétales de la fleur de lotus. Assimilé au soleil renaissant chaque matin, le souverain est montré sous les traits d'un enfant (l'enfant solaire) assis sur la fleur de lotus rappelant selon la cosmogonie de Hermopolis l'origine du monde. Taouret et Bès sont les deux divinités égyptiennes qui protègent la maternité (la grossesse, l'accouchement et l'allaitement des dieux, des souverains et du peuple).

La déesse-hippopotame, Taouret dont le nom signifie "*La Grande*", porte souvent le signe hieroglyphique s3 (sa) qui signifie protection.

[Décoration de la frise intérieure de la galerie du typhonium du temple de Dendérah (Égytpte). [*Description de l'Égypte*, Ed. Taschen, 1994, p. 417.]

III.2.04. Bès, Horus, Harpocrate

III.2.04A. Harpocrate
[Detail, Metternich stele. (Clippus of Horus, Metternich estele, ed. Golenischeff, plate 1). Reproduced from E.A. Wallis Budge, Egyptian Magic, p. 149]

Bès, protecteur des femmes en couches, des nouveau-nés, de la petite enfance, gardien de la maison, met également ses qualités au service des dieux jeunes dont le nom est associé à celui d'Horus l'enfant ou Harpocrate (Hor-pa-khered). Horus est ainsi appelé pour le distinguer de Heru-ur, ou Horus l'Ancien.
Il est représenté sous la forme d'un jeune enfant nu crâne rasé portant une mèche de cheveux sur le côté droit de sa

tête, le symbole de la jeunesse en Egypte. Héritier d'Osiris, Horus symbolise la fonction royale.

L'épisode mythologique dans lequel il est piqué par un scorpion et guéri par sa mère, Isis, est à l'origine des stèles et statues guérisseuses.

III.2.04B. La stèle guérisseuse et protectrice de Horus sur des crocodiles

Sur la stèle, se dresse le dieu Horus sous l'aspect d'un petit garçon, *Hor-pa-khered* ou Horus l'enfant plus connu sous le nom grec d'Harpocrate. Il est représenté de face avec la tresse de l'enfance sur le côté droit, le visage surmonté de la tête de Bès le dieu protecteur. [Cf. Maurizio Damiano-Appia, *L'Egypte : dictionnaire encyclopédique de l'ancienne Égypte et des civilisations nubiennes*, Ed. Gründ, 1999, 296 p. (p. 288)]

Horus l'enfant foule des pieds deux crocodiles, serrant dans ses mains des reptiles et des fauves qu'il maîtrise, des animaux liés au dieu Seth, le meurtrier d'Osiris.
Harpocrate tient ici dans ses mains 4 serpents, ce qui renvoie au chiffre symbole signifiant "un cosmos équilibré".
C'est l'enfant divin d'Isis et d'Osiris né dans les fourrés de papyrus de Chemmis (Akhmin, Khem, Panopolis), menacé par Seth. Il est sauvé par Isis et Ouadjet la déesse cobra qui veilla sur lui.
Harpocrate serre dans une main un scorpion, pour rappeler qu'il fut piqué par cet animal, le scorpion *Aunab*. Toutefois, 7 scorpions dont la déesse *Selket* se sont joints à Isis dans sa quête ainsi que le grand guérisseur, patron de la médecine et maître du verbe le dieu Thot.

Au dos de la stèle, les textes des formules invoquent les protections que la divinité peut apporter. On fait aussi couler de l'eau sur ces stèles couvertes de textes et de signes et on récite en la buvant avec des incantations magiques. L'eau lustrale répandue sur la stèle a la capacité de traiter les venins, de protéger des morsures.
Ces stèles sont placées dans des temples ou chapelles et dans des maisons. Elles sont plongées dans de l'eau imprégnée des vertus des textes magiques et de l'image que le patient buvait, soit frottait à l'emplacement de la blessure.
Les stèles existent également sous forme d'amulettes que l'on pouvait porter sur soi. Les foyers égyptiens les installaient à domicile pour protéger les membres de la famille et apporter la sécurité contre tous dangers et menaces de reptiles, de fauves et du dieu Seth frère d'Osiris.

"*Ces stèles sont appelées 'Cippi of Horus' et sont habituellement taillées dans une pierre dure et noire, leur bord supérieur est arrondi et elles peuvent être brièvement décrites ainsi : sur le devant de la stèle Horus enfant (Harpocrate) est présenté en relief. Il est debout sur deux crocodiles et il tient dans ses mains serpents, scorpions, un lion et un animal à cornes (ibex?) toutes ces représentations étant associées à Seth, le dieu du mal. Sur la tête d'Horus se trouve un dieu 'L'ancien' qui ressemble au dieu Bès et, avec Horus, ils représentent ainsi, ensemble, l'ancien dieu qui retrouve perpétuellement sa jeunesse et sa force*" [E. A Wallis Budge, *Amulets & Magic*, Kegan Paul, London, 2001, 543 p].

III.2.05. Bès panthée

Bès panthée reflète la multitude des fonctions divines dévouées par exemple à Horus, Isis, Bastet, Taouret. Il cumule les attributs et devient un protecteur universel. Ici, il piétine les forces du mal symbolisé par deux serpents. Bès est "Le Combattant". Le pénis en érection rappelle qu'il s'agit d'un dieu protecteur de la fécondité des humains.

III.2.06. Bès et Amon-Rê panthée

Bès et Amon-Rê panthée (vue de dos)

Amon-Rê panthée (statuette de bronze, haut. 45 cm, Epoque tardive, fouilles de J. E. Quibell à Saqqarah en 1912, Musée Egyptien, Le Caire).

La statuette réunit en une seule figure les aspects de différentes divinités. Dans sa fonction apotropaïque, elle présente leurs attributs et pouvoirs protecteurs pour éloigner les influences néfastes.

A l'arrière de la tête se trouve le bélier d'Amon aux cornes recourbées, coiffé du disque solaire et du cobra. A la base des plumes de la couronne, au centre des cornes horizontales, prend place une tête du dieu Bès. Au-dessus, un cobra coiffé de la couronne atef, attribut d'Osiris à l'origine, surmontée du disque solaire.

III.2.07. Bès avec d'autres dieux sur une stèle égyptienne

Tête du dieu Bès avec les dieux Taouret, Horus, Seth, Khnoum.

Revers de la stèle d'Horus enfant (Harpocrate), avec le masque en relief du dieu Bès, au-dessus d'un texte hiéroglyphique. Epoque ptolemaique, 304–30 B.C. Stèle en diorite.

IV. L'apport des Pygmées à la civilisation depuis l'Antiquité

IV.1. Les traditions orales des Pygmées

IV.1.1. Traditions orales des pygmées, patrimoine immatériel de l'Humanité

Les Pygmées AKA vivent en parfaite symbiose avec leur environnement depuis des millénaires. Un certain nombre de repères et de codes leurs permettent de communiquer. C'est ce qui se rencontre à travers le chant, la musique, et d'autres activités corporelles ou vocales comme l'onomatopée, l'interjection, les inflexions de la voix, les claquements de la langue, les battements de mains; ce sont également des signes de type pictural comme le tapa.

La musique, le chant, le message, la communication se rencontrent et font corps chez le Pygmée. Ils sont depuis toujours indissociablement liés aux événements socioculturels de la communauté Aka. Ils remplissent un rôle éducatif, ludique. Certains rites et chants ne sont pas dévoilés sauf en des circonstances exceptionnelles. On distingue le chant accompagnant l'inauguration de nouveaux campements, les rassemblements de campements, le chant de départ à la chasse et au retour, le chant de divertissement, de réjouissance, de récolte, de deuil. Ils font partie intégrante des rituels.

La vie se déroule dans une symbiose qui intègre toutes les manifestations quotidiennes. « Il y a des chansons de miel. Les saisons de miel ont leur chanson. Les saisons des gibiers ont leur chanson. Les saisons maigres ont leur chanson. C'est de cette façon que les Pygmées content leur histoire, la transmettent aux enfants, et ainsi de suite. Comment faut-il grimper sur un arbre pour cueillir du miel ? Comment faut-il tendre un piège? Comment faut-il tendre un filet? Comment faut-il tendre l'arc ? Tout est conté dans des chansons. Et comment faut-il aimer un garçon ? - C'est conté dans des histoires. La palme d'or reviendra, par exemple, à la femme qui saura bien conter son histoire dans une très belle chanson, bien rythmée, bien dansée, et que le garçon écoutera avec beaucoup de bonheur! »[19]. C'est précisément ce que Mathurin Bokombé invité en 1991 avec ses compagnons Aka à Paris à la Grande Halle de la Villette, présente[20] :

Veremään dôdô sô a tene dôdô; parsekê dôdô nî sô âla mû na ïrï tî mbï : Bokombe Mathurin. Ayeke wâlï tî mbï, îrï tî lo Rosa, azîa îrï tî mbï na yâ tï dôdô sô - *éboka* - nî laâ angbâ tî gue sô. Atene na mbï e! : « Bokombe mo ke mbï ngbanga tî nye ? Mo lâ nî mo gi mbï ngbanga tî nye ? - (rire de Bokombé) - Lâ nî mo ke mbï ngbanga tî nye ? Mo laâ mo gi mbï; mbï laâ mbï gi mo äpe ?! Ngbanga tî nye mo gi mbï ? Fadêsô mbï zîa ïrï tî mo na dôdô.» - (silence) - Mbï gâ mbï mä dôdô töngasô ngbii, li tî mbï agä fûu. Mbï tene böon, mbï yeke na tënë äpe. Böon, mo sâla yê tî ngîâ tî mo. Nî laâ atene *eboka*.

C'est vraiment ce qu'il convient d'appeler une danse, parce que mon nom fait l'objet : Bokombé Mathurin. C'est ma femme appelée Rose qui a introduit mon nom dans cette danse - *eboka* - qui continue à faire son chemin. Elle me dit donc : « Bokombé, pourquoi tu m'as abandonnée ? C'était toi qui me courais après, mais pourquoi alors ? - (rire de Bokombé) - Pourquoi m'as-tu abandonnée l'autre jour ? C'était toi qui me courais après; ce n'était pas moi qui te courais après! Pourquoi tu me courais après ? Ton nom est maintenant introduit dans cette danse » - (silence) - Je me suis mis à suivre jusqu'à en perdre la tête. J'ai dit, eh bien, je n'avais rien à ajouter. Elle a donc le loisir de se distraire. C'est ce qu'on appelle "éboka".

Ces chants et danses, la polyphonie pygmées, font partie du patrimoine et se transmettent de génération en génération par tradition orale.

L'année 2004 a marqué la fin de la première décennie des populations dites minoritaires et donc menacées. En outre, l'UNESCO considère la culture des Pygmées comme appartenant au patrimoine commun de l'humanité. Notre ouvrage intitulé *Contribution à l'histoire ancienne des*

Pygmées : l'exemple des Aka s'inscrivait précisément dans le cadre de cette célébration universelle.

Le Directeur général, Koïchiro Matsuura, a procédé à la proclamation, lors d'une cérémonie au siège de l'UNESCO le 07 novembre 2003 dans la "Catégorie Chef-d'œuvre du patrimoine oral et immatériel de l'humanité, *Les traditions orales des Pygmées Aka de Centrafrique*".

« *Ces proclamations constituent une première réponse concrète de l'UNESCO face à l'urgence de sauvegarder le patrimoine immatériel* », a dit Koïchiro Matsuura qui ajouta que « *l'objectif de ces proclamations n'est pas la simple reconnaissance de la valeur de certains éléments du patrimoine immatériel : elles impliquent un engagement de la part des Etats de mettre en œuvre un plan de promotion et de sauvegarde du chef-d'œuvre inscrit*».

Le chef-d'œuvre a été par ailleurs distingué en avril 2004 par le Prix Arirang, créé par la République de Corée.
Les Pygmées Aka, installés dans le sud-ouest de la République Centrafricaine et au Nord du Congo Brazzaville, ont élaboré une tradition musicale radicalement différente de celle des ethnies voisines et introuvable ailleurs sur le continent africain. Ce genre unique est un type extrêmement complexe de polyphonie contrapuntique à quatre voix. Le fait que l'ensemble des membres de la communauté Aka maîtrise parfaitement cette technique est tout aussi remarquable.

Contrairement aux polyphonies savantes fondées sur l'écriture, la tradition vocale des Pygmées Aka permet l'expression spontanée et l'improvisation. La communauté a élaboré des formes musicales très sophistiquées. Chaque chanteur peut, au cours d'un morceau, modifier sa voix pour produire une multitude de variations, laissant ainsi l'impression que la musique évolue perpétuellement. Les chants sont généralement accompagnés de divers instruments à percussion et à cordes, spécifiques à chaque circonstance.

La musique est donc présente dans la vie pygmée, à travers toutes ses manifestations. Elle rythme la vie de la naissance à la mort. Des berceuses aux chants pour enfants, des chants de chasse et de travail aux chants rituels, c'est toute la vie qui s'organise en polyphonies et jamais on ne chante à l'unisson, comme si, dans le labeur quotidien, chacun devait avoir une tâche distincte, contribuant ainsi personnellement et spécifiquement à l'édifice social et économique commun.

Les chants associés aux rituels de divination trouvent une place privilégiée dans la musique des Pygmées. Au cours de ces cérémonies, le personnage central est le devin, le guérisseur *nganga* ou *monganga*. Il peut faire absorber sous contrôle une potion bien par exemple d'iboga aux initiés, voir dans le feu, la maladie d'un patient, ainsi que les remèdes nécessaires.

Les Aka sont capables de discerner les signes qui se manifestent à travers la musique (la symphonie de la nature, la portée thérapeutique).
La richesse exceptionnelle de leur musique et de leur chorégraphie, la profondeur philosophique de leurs cosmogonies ancestrales, etc. contrastent singulièrement avec les clichés et autres stéréotypes raciologiques accumulés au fil du temps.

IV.1.2. Musique des Pygmées, source d'inspiration universelle

Des chercheurs comme l'ethnomusicologue Simha Arom, Gilbert Rouget, ont étudié et fait connaître la richesse des polyphonies des Pygmées Aka. De nombreux compositeurs à travers le monde ont intégré dans leurs œuvres ou se sont inspiré des chants et de ces polyphonies à l'instar des compositeurs György Ligeti, Steve Reich et Pierre-Laurent Aimard, du groupe de musiciens Deep Forest. Nous assistions à l'un de ces concerts organisé par Pierre Laurent Aimard au Théâtre du Châtelet à Paris où les Pygmées étaient les invités vedettes et en première partie de la soirée, ce lundi 20 décembre 1999 à 20 H30 : concerto pour piano de György Ligeti, et orchestre de trompes Banda-Linda, Chœur des Pygmées Aka de Centrafrique - orchestre sur scène avec un grand nombre d'instruments dont un immense piano à queue - La composition aux quatre mouvements a été analysée et jouée par le détail en commençant par les notes de base, le rythme de base, puis les couches mélodiques jouées par chaque instrument avec un rythme différent à un temps, deux temps, trois temps et quatre temps. Le tout mis ensemble crée une polyrythmique (plusieurs rythmes différents qui se chevauchent et s'équilibrent) directement inspirée de la musique des Pygmées Aka et de celle des Banda Linda. Ici, apparaît nettement l'influence de la musique nègre.

Le Groupe Moaka na Ndima (*L'homme et la Forêt*) venu du Congo Brazzaville fait une tournée exceptionnelle en France et en Suisse du 06 au 24 mai 2012. Il donna l'occasion aux spectateurs d'apprécier la chorégraphie, les chants, les danses des peuples autochtones Aka, et surtout le caractère spécifique de l'organisation polyphonique, de la musique instrumentale, et de l'usage du pentatonique. Les étudiants chercheurs et musicologues réunis en séminaire avec l'ethnomusicologue Simha Arom du CNRS (Centre national de recherche scientifique) le 9 mai 2012, ont pu à nouveau faire l'expérience dans une conférence-démonstration le 24 mai 2014 au Musée du Quai Branly à Paris. Ils découvrirent la richesse culturelle et scientifique du savoir-faire des Pygmées d'Afrique centrale. Ce fut aussi une fascination et un envoûtement pour le grand public de cet espace qui appréhendait à son tour la virtuosité des créateurs Aka venus de la grande forêt équatoriale.

Enfin, il n'est plus rare aujourd'hui de rencontrer des figures chorégraphiques et des danses exécutées par des ballets nationaux et internationaux, et des tours de chants, inspirés des modèles pygmées.

IV.2. Les connaissances médicinales

SOCIETE-NATURE CHEZ LES PYGMEES DU GABON

Pharmacopée et médécine traditionnelles chez les Pygmées du Gabon

Baritrebe et Bagharna (Nyanga), Babongo (Ngounié, Ogooué-Lolo et Haut-Ogooué) et les Baboya (Ogooué Ivindo)

Répertoire de 117 plantes médicinales

(Première étude)

[Illustration de la couverture de l'étude publiée sur *"La Pharmacopée et Médecine Traditionnelles Chez les Pygmées du Gabon"*. Un projet élaboré par l'UNESCO en partenariat avec l'Université Omar Bongo, entre décembre 2007 et mars 2008]

Pierre KALCK, ancien administrateur qui avait connu les Pygmées en République centrafricaine raconte : « Le souci de tous les Pygmées est cependant de ne pas s'éloigner de leur forêt natale. Présents à peu de distance de la ville de Bangui, on n'en trouvera aucun acceptant de s'installer dans un quartier de la capitale. On rencontre des Pygmées sur toute l'étendue de la Grande Forêt équatoriale, de l'Atlantique au Rwanda. On est frappé par une grande similitude des coutumes, en dépit d'une structure sociale légère, limitée à de petits groupements familiaux, indépendants les uns des autres et extrêmement mobiles. On ne saurait trouver nulle part ailleurs sur terre une population aussi intégrée à un environnement, que certains ont présenté comme hostile, mais qui, au contraire, depuis la nuit des temps, assure leur survie. Les profondeurs de la forêt équatoriale leur ont, en effet, épargné disettes et famines et leur ont évité généralement, les guerres, l'esclavage, la traite, plaies traditionnelles du continent africain. Leur incomparable connaissance des plantes a donné naissance chez eux à une riche pharmacopée, qui leur a permis de lutter contre les diverses maladies et d'enrayer les endémies. » [cf. Victor BISSENGUE, 2004, Préface par Pierre KALCK]

Ils ont ainsi contribué jadis et aujourd'hui encore à la connaissance et au développement à travers leurs savoirs faire et des échanges dont s'illustrent les travaux de laboratoires et des institutions spécialisées, notamment pour le cas des plantes et leurs vertus, la pharmacopée (produits anesthésiants de chirurgie, stimulants cardiaques, iboga [21]).

Luc Bouquiaux, pour sa part, rapporte dans la revue *L'Homme* que « Des institutions à travers le monde font appel à leurs connaissances millénaires des plantes, l'efficacité de leur pharmacopée dont plusieurs laboratoires ont pu identifier des principes actifs. » [cf. *L'Homme* N° 179, p. 230][22]

Ainsi, dans le cadre du Programme *Société-Nature chez les Pygmées du Gabon*, suite au Projet "La Pharmacopée et Médecine Traditionnelles Chez les Pygmées du Gabon" élaboré par l'UNESCO entre décembre 2007 et mars 2008 en partenariat avec une équipe de chercheurs gabonais du CENAREST et avec la Chaire UNESCO/UOB (Université Omar Bongo) sur l'interculturalité, un *Répertoire de 117 plantes médicinales* ait pu être élaboré. Il s'agissait de procéder à la collecte d'informations sur la pharmacopée et sur la médecine traditionnelle qui a débouché sur la classification de 117 noms de plantes illustrant autant d'espèces végétales utilisées par les tradipraticiens pygmées que de leurs multiples modes d'emploi. La publication, selon les termes de M. Mohammed BACHIRI (Représentant du Bureau Mutlipays de l'UNESCO à Libreville, et Représentant Résidant au Gabon, Guinée Equatoriale et Sao Tome et Principe), *« a permis de mesurer la richesse de la culture et la complexité de la question de peuple pygmée. En même temps, elle ouvre de nouvelles perspectives pour toutes et tous ceux qui, dans le cadre d'une intégration sous régionale et régionale, œuvrent pour la sauvegarde du patrimoine culturel pygmée et la protection de ses précieuses mais fragiles richesses. Les langues, les traditions et pratiques orales, les savoirs et savoir-faire de ce peuple de la forêt sont un exemple de cette richesse culturelle. »*[23]

Des chercheurs de la République du Gabon témoignent précisément à travers le reportage consacré à la médecine pygmée, réalisé par Corinne Lalo et Eric Bourbotte venus de France[24], de l'importance de cette science ancestrale :
- *« J'étais curieux. Devant les impasses du diagnostic que nous avons devant la médecine occidentale, je me disais est-ce qu'il n'y a pas autre chose ? Même les molécules que nous utilisons en médecine*

conventionnelle, au départ c'est toujours au niveau de la forêt. » : Jean-Baptiste Mousouvou Kombila, professeur de gastro-entérologie.

- « *Quant la forêt va disparaître va disparaître mais la médecine va être obligée de disparaître.* » : Henri-Paul Bouroubou, professeur de botanique à l'université.
- « *Après avoir abandonné d'empoisonner le corps on met en place le mécanisme restauré à travers les feuilles, les écorces, les racines, mais aussi la parole.* » : Evariste Moussavou Bouroubou, membre de l'Association Itsamanghe.

Un pas est franchi. Les connaissances de la médecine pygmée sont adoptées à la fois par les populations en ville et les universitaires. L'Organisation non gouvernementale (ONG) Itsamanghe se fixe la mission de la promouvoir, de la mettre en pratique et de sensibiliser la jeunesse depuis l'école primaire jusqu'au secondaire pour la connaissance des plantes et leurs vertus curatives. Quant à la guérisseuse désignée "*nganga*" rencontrée, prenant en compte la conception bio-médicale qu'elle se fait, Corinne Lalo tire l'idée suivante:
« *Dans la médecine traditionnelle Pygmée, le corps et l'esprit ne font qu'un. On ne peut pas soigner le corps sans guérir l'esprit. Lorsqu'elle soigne crache sur le malade avec une racine imprégnée de racine d'une plante, cela matérialise l'esprit, donc la parole qui va guérir le corps.* »

Les Pygmées Bagyeli, principalement de la Région de Bipindi au Cameroun, sont connus et passent pour être les meilleurs guérisseurs du pays. Même les Bantous viennent les consulter, pour demander des plantes ou des soins, pour solliciter leur concours afin d'accéder à des postes de responsabilités, de gagner des échelons. Les Pygmées, respectueux de la nature, des traditions millénaires et dépositaires des connaissances héritées de leurs ancêtres, utilisent avec amour l'espace forestier à fois nourricier, habitat, garant de moyens de protection contres les maladies, les mauvais esprits.

Les Pygmées ont pris part aux relations économiques trans-nilotiques, en contribuant donc à la connaissance et au développement à travers leurs savoirs faire et des échanges depuis la nuit des temps jusqu'à ce jour : qu'il s'agisse des produits de chasse (ivoire, peaux, plumes), de la cire, des plantes et leurs vertus ou leurs dérivés, de la pharmacopée (exemple, des produits anesthésiants de chirurgie, des stimulants cardiaques, l'iboga), soit des musiques et des danses sacrées…

La pharmacopée Pygmée : Un patient (Manuel Mageot) en consultation chez les soignantes Aka sera soulagé pour des années de ses fortes douleurs aux pieds, suite à l'application de feuilles de plantes sélectionnées, macérées, accompagnée d'incantations.

Manuel Mageot à la rencontre des jeunes Aka en forêt de la Lobaye (RCA)

IV.3. Les cosmogonies et les rites initiatiques

Les premiers chercheurs se lancèrent à la découverte du "degré le plus ancien accessible à nos connaissances de l'échelle de l'évolution de l'homme". D'autres perspectives furent envisagées comme certaines "vérifications" théologiques sur le "monothéisme" primitif prêté aux Pygmées et sur la pratique de leur monogynie, preuve de leur pureté originelle [Serge Bahuchet et Guy Philippart de Foy, *Les Pygmées d'Afrique centrale*, Roquevaire (France), Ed. Parenthèses, 1984, p.19]. Le Pape Pie XI lui-même subventionna en 1923 une expédition en Centrafrique, menée par les R.P. Schebesta, Schumacher et Vanoverberg, pour l'étude des groupes Pygmées. Le R.P. Schmidt, directeur du Musée Pontifical du Latrau, fondateur de l'"Ecole culturo-historique" de Vienne et de la revue *Anthropos* fut à l'origine de nombreuses expéditions qui ont sillonné différentes parties du monde; on retrouve le R.P. Schebesta pour les Pygmées de l'Ituri et les Sémangs de Malaisie, le R.P. Schumacher pour les Pygmées du Rwanda, le Docteur Lebzelter pour les Bochimans, les RR. PP. Koppers et Gusinde pour la Terre de Feu, et le R.P. Vanoverbergh pour les Négritos des Philippines.

Les Pygmées pratiquent généralement la monogamie. Le mariage se fait habituellement par l'échange de femmes entre deux groupes et il n'y a pas de dot. Ainsi, les Aka ou "Bayaka" Babenzélé de la République Centrafricaine ont tissé des rapports privilégiés avec leurs voisins camerounais appelés Bangombé. Ils sont apparentés. Les unions sont assez fréquentes entre les deux communautés. Elles pratiquent les mêmes rites, surtout ceux qui sont liés au *zengi*, à la chasse, à la récolte du miel. *Zengi* est l'esprit de la forêt, et, *ezengi* : la cérémonie, ou le déroulement de la cérémonie liée à l'esprit de la forêt. Les Pygmées sont respectueux des mânes et des ancêtres qu'ils sollicitent pour leur bienveillance et leurs faveurs pour la réussite de toutes les activités qu'ils mènent.

Dans une étude consacrée à *L'homme dans l'Univers «des» Bantu*, le chercheur zaïrois Mujynya présente le monde visible et le monde invisible ainsi que la conception bantu de cet univers. Il apparaît que « *l'Auteur de l'univers ne fait pas partie de la création. Selon les mythes, il est et a toujours été Seul avant la création, transcende l'univers. Son nom est Nzambi et n'est autre que l'Être Suprême en qui tous les peuples voient la Cause Première de toute chose* ».[25]

De ce fait, les Aka appellent le Dieu Suprême et unique Nzambi[26] ou Mungu ou encore Kmvum. Ces désignations se rapprochent des autres termes usités principalement dans les aires bantoues: Nzambé, Nyambi; Mungu, Mulungu, Kalunga; Kombo; Leza, Katonda; Imana, Mpungu. Mais ils emploient d'autres termes pour désigner les différentes forces et manifestations de cet Être.

Dans la cosmogonie africaine, le nom de Dieu est tenu quasiment pour secret. C'est par d'autres termes que les différentes forces et manifestations spécifiques de l'Être Suprême sont nommées. Le R.P. Trilles en donne des exemples dans son ouvrage, *Les Pygmées de la forêt équatoriale* : «*Dieu, c'est Gah, le Tout puissant; Dieu, c'est Mka, le Fort, celui que nul ne peut renverser; Dieu, c'est Bâli, celui qui donne la vie, la chaleur*» [1932, p. 75]. Baumann et Westermann notent « *chez les Pygmées du Gabon, l'éléphant Gor, dont le tonnerre est la voix, semble être une divinité de la brousse du même type et un seigneur des animaux; il apparaît en rêve et révèle au chasseur l'endroit où se tiennent les animaux. Lorsque les chasseurs ont tué un éléphant, ils sacrifient à Gor un peu du gras de l'oreille droite* » [*Les peuples et les civilisations de l'Afrique*, 1970, p. 197]. Il faut toutefois noter que le nom *ya* est le terme général qu'emploient les Pygmées pour désigner un éléphant - *Tox* représente l'esprit qui fait naître les ouragans et souffle les tornades - *Dan*, la caverne où sont enfermés pour un temps les esprits [R.P. Trilles, *Les Pygmées de la forêt équatoriale*, 1932, p. 27].

Théophile Obenga établit une relation avec l'Egypte pharaonique qui emploie le terme Amon (Imn) pour désigner le créateur des Egyptiens, le Vrai qui enfante les dieux. L'auteur met en lumière la prééminence de Nzambi dans la cosmogonie: « *Source première de toute vie, Providence, Transcendance, Créateur, tel est le Dieu unique conçu par les anciens Bantu... Ce Dieu unique qui a créé toutes choses reste tout de même assez distant de la vie quotidienne des hommes. Aucun acte de culte, en conséquence, ne lui est vraiment rendu* » [*Les Bantu, langues, peuples, civilisation*, 1985, p. 154].

Des enquêtes ont été menées auprès de Pygmées sur leur origine et leur croyance en Dieu Suprême. Le R.P. Trilles[27] voulut les interroger plus directement et spécifiquement. A la question "Que fait Dieu ?", ils disent précisément et de façon surprenante :
« Kmvum ko[28], Kmvum ta, Kmvum gwa - "Dieu est[28], Dieu fut, Dieu sera ».
« Me twe, Ke bwe, Kmvum tla, Kmvum Kwa - "Esprit au-dessous, Hommes en dessous, Dieu sans rien, Dieu le Père Chef' ».
Ils ajoutent :

« Avant que nos Pères, les premiers, les Chefs de la Race, fussent arrivés dans la forêt, quand ils n'étaient rien, Dieu était là, avant - Kmvum ta li, nsu » [1932, p.66].

Dans la vie des pygmées, des esprits interviennent et remplissent des rôles différents :
- les esprits bienfaisants qui aident les humains et président aux rituels de la société, (chasse, protection contre les maladies, guérison, initiation, rites de passage, fertilité, funérailles...)
- les démons et mauvais esprits de la forêt qui s'attaquent aux humains. Le pire ennemi est le gorille.
On trouve la croyance en dieu suprême, lointain et distant qui n'intervient pas dans la vie ordinaire. Il a donné naissance à un couple premier : Tollé et sa sœur Ngolobanzo qui ont eux-mêmes donné naissance aux êtres humains[29]. Ce cas renvoie à la cosmogonie et au mythe de la création que restituent les populations autochtones ou indigènes (indigenous) : il s'agit du questionnement sur la pensée religieuse, sur la conception ontologique des Pygmées Aka. Jean-François DORTIER l'analyse à travers une relation faite dans la revue *Sciences humaines*: « Le pape et les Pygmées. À la recherche de la religion première ».[30]

Cet exemple renvoie au mythe de création que restituent ces populations autochtones désignées indigènes (*indigenous peoples*, selon la terminologie anglo-saxonne). Ainsi, l'auteur résume la pensée qui s'y attache :
« Des générations d'anthropologues ont étudié les sociétés primitives, espérant y trouver les traces de la religion des origines. Tour à tour, l'animisme des Pygmées, le totémisme des Aborigènes, le chamanisme des Bushmen ont été considérés comme la religion première. Mais ces théories ont été fortement

critiquées, puis abandonnées. Il est possible aujourd'hui de reprendre la question sous un tout nouvel angle...
En 1923, le pape Pie XI subventionna une expédition au cœur de la forêt africaine pour étudier les Pygmées[31]. L'entreprise n'était pas missionnaire : il s'agissait de vérifier la théorie du « monothéisme primitif » selon laquelle les Pygmées croyaient en un dieu unique. C'est ainsi que des missionnaires ethnologues furent envoyés à la rencontre des petits hommes de la forêt. Parmi eux, il y avait le révérend père Paul Schebesta, missionnaire autrichien, qui fit plusieurs expéditions au Congo chez les Pygmées bambuti et leur consacra de nombreux ouvrages. Dans son livre *Les Pygmées* (Gallimard, 1940), il déclare avoir trouvé des coïncidences troublantes entre le dieu suprême des Pygmées, créateur de toutes choses, et celui de la Bible.
Depuis, les ethnologues ont corrigé les vues du révérend père. Certes, il existe dans le panthéon pygmée un dieu suprême. On raconte que ce dieu a donné naissance à un premier couple fondateur, Tollé et sa sœur Ngolobanzo qui ont donné naissance aux humains. Cependant, ce dieu, lointain et distant, n'intervient pas dans la vie ordinaire. En revanche, les mânes – autrement dit, les esprits bienfaisants – sont des bons génies qui aident à la chasse ou protègent des maladies. Ils s'opposent aux démons et mauvais génies qui peuplent la forêt, et président aux nombreux rituels qui organisent la vie quotidienne : ils apparaissent dans les rites d'initiation, de chasse, de guérison, de fertilité, de funérailles, etc.
Durant longtemps, les anthropologues ont cherché à retrouver les vestiges d'une « religion des origines » dans les religions animistes, le totémisme ou le chamanisme. Cette quête a mené à une impasse. Les

anthropologues savent désormais que les populations dites « primitives » ont-elles aussi une histoire. Les Pygmées ont sans doute été repoussés en forêt suite à l'arrivée des Bantous, il y a quelques centaines d'années.[32]

Quand le pape envoyait ses ethnologues au fond de la forêt équatoriale africaine, c'était pour confirmer l'universalité du monothéisme. A l'époque, récoltant les croyances sur toute la planète, le père Wilhelm Schmidt avait entrepris de rédiger une œuvre immense – *L'Origine de l'idée de Dieu* (20 vol., 1912-1918) – destinée à montrer l'universalité du monothéisme sur les autres formes religieuses[33]. La thèse fut toujours controversée et n'eut jamais de réelle prise dans le monde de l'anthropologie. Mais l'idée d'une universalité des formes religieuses pourrait bien renaître aujourd'hui sur de tout autres bases. Le monothéisme n'est ni la première ni la dernière-née des religions. Elle n'est que l'une des formes d'une structure religieuse unique qui a pris au cours de l'histoire de multiples facettes. »

Après les révérends pères (Schebesta, Schumacher et Vanoverberg), des chercheurs et des enquêteurs de tous domaines, isolément ou regroupés en interdisciplinarité, rendent visite aux « Pygmées. La réalité de la situation des Pygmées aujourd'hui est des plus désolantes et cruelles. On évoquerait plutôt des citoyens de seconde zone, des laissés pour compte ou d'autochtones exploités, des marginalisés, proie de tous aventuriers.

Ces hommes et femmes considérés jadis comme les ouvreurs de chemin, les plus anciens peuples que recevaient les égyptiens pharaoniques à leur cour il y a plus de quatre mille cinq cents ans, les premiers occupants de la grande forêt équatoriale, sont aujourd'hui entrain de dépérir et de se faire dépouillés en toute légalité. Ce sont des peuples qui ont apporté à l'humanité dans divers domaines depuis des millénaires jusqu'à ce jour. Ils réclament à présent leur droit au respect, leur droit à la citoyenneté. Si les Aka, les Benzèlé, les Binga, les Bongo, les Kola, les Mbuti, les Twa, ou les Bagombe, Barimba, Bayaka, Bibayak, Medzan, venaient à disparaître, nous aurons tous perdu une part de nous même. Le devoir d'inventaire s'impose aujourd'hui pour une meilleure production de la connaissance et du savoir de ces peuples autochtones.

IV.4. Les Pygmées, acteurs du commerce trans-nilotique

> « *Nous étions des chasseurs et sacrificateurs du roi. Nous chassions le léopard pour le roi. Ni les bahutu ni les batutsi n'avaient le courage de le faire : seulement nous, les Batwa. On ne se préoccupait pas de la terre avant. Nous déménagions après avoir passé environ un mois dans un lieu. Nous construisions une nouvelle hutte là où nous nous arrêtions. Quand d'autres sont venus ils ont commencé à planter et sont restés là. Même leurs enfants restaient sur place. Mais nous, nous continuons à nous déplacer. Nous n'avons pas de terre, nous avons seulement des poteries* »
> Un Mutwa de 40 ans, Myangungu (Burundi), juillet 1999) [cf. Jerome Lewis, *Les pygmées Batwa de la région des Grands lacs*, MRG, 2001, pp. 9-10].

Les Pygmées Aka semblent avoir été des acteurs économiques de premier plan dans le cadre du commerce trans-nilotique. Ils étaient familiarisés avec les voies de communication anciennes, en particulier celles des oasis (Dounkoul, Khargeh, Dakhleh, etc.).

Ils avaient coutume de convoyer depuis les confins de la forêt équatoriale jusqu'à la basse vallée du Nil les produits et autres marchandises indispensables à la Nubie et à l'Egypte pharaonique. Ces grands pisteurs avaient coutume de convoyer depuis les confins de la forêt équatoriale jusqu'à la basse vallée du Nil les produits et autres marchandises indispensables à la Nubie et à l'Égypte pharaonique. En outre, leur connaissance des vertus curatives des plantes médicinales, la richesse exceptionnelle de leur musique et de leur chorégraphie, la profondeur philosophique de leurs cosmogonies ancestrales, etc. contrastent singulièrement avec les clichés et autres stéréotypes raciologiques accumulés au fil du temps.

Les Pygmées ont pratiqué naguère des échanges avec les populations voisines. C'est ce qui se passe encore dans les forêts des régions équatoriales. Malgré les préjugés tenaces, ils sont consultés, sollicités pour conjurer des sorts, chasser les mauvais esprits, guérir des malades souffrant de troubles profonds.

Ils excellent dans la fourniture de produits de chasse (antilopes, porcs sauvages, singes, pangolins, buffles, éléphants, ivoire, peaux de panthère, plumes d'oiseaux, etc.). Par leurs connaissances botaniques, leurs savoir-faire thérapeutiques (substances chimiques contenues dans des écorces, fleurs, sèves utilisées comme médecine, dotes et antidotes), les Pygmées contribuent aux échanges et aux rapports socio-économiques. Il est ainsi de tradition chez les Pygmées, tout le monde, hommes, femmes, enfants doivent apprendre à faire la collecte des plantes médicinales, à bien connaître leurs portés curatives.

L'Afrique centrale ne demeurait pas en autarcie. Elle a constitué des points d'approvisionnement en ivoire et divers produits précieux. Une route millénaire reliant l'Océan atlantique à la corne Est de l'Afrique et à la Méditerranée, passe par le Loango, le Kongo, le Soudan, la Nubie, l'Ethiopie, l'Egypte. Selon Claire Préaux[34], on pouvait atteindre, en sens inverse, sans intermédiaire éthiopien, l'Afrique centrale. C'est sans doute la voie empruntée par Herkhouf lors de son quatrième voyage.

Claire Lalouette note que cette route est encore actuellement utilisée pour amener du Soudan les troupeaux de chameaux destinés aux marchés égyptiens[35]. Les Pygmées connaissaient les marais, les grandes zones de chasses, les zones dangereuses. Ils facilitaient les déplacements.

Roccati Alessandro[36] rapporte les noms de certains oasis situés sur le chemin qui mène vers le Sud et l'Ouest comme Farafreh, Dakhleh, Khargeh. La voie terrestre était davantage empruntée que la voie d'eau en certaines périodes. Au troisième millénaire les conditions climatiques rendaient la route du sud plus facile et plus rapide que celle du fleuve avec le passage des cataractes et les méandres du Nil. En plus de la route désertique qui va d'Assouan à Sélima par l'oasis de Dounkoul, une autre route existait beaucoup plus à l'Ouest, donnant accès directement au Tibesti et à l'Ennedi, puis, au-delà de la dépression du Tchad, à l'Afrique au Sud du Sahara.

« C'est dans cette région que se situent les grandes vallées, aujourd'hui désertiques, qui conduisent au Darfour (O. el Howar), au Kordofan (O. el Milk), et vers l'Afrique centrale (par el Muqaddam et les pistes de la Bayouda). Quiconque contrôle est maître du commerce avec l'Afrique tropicale ou équatoriale, et de ses productions. Il n'est pas étonnant que Pepy II ait recherché l'amitié de son prince, et que les pharaons du Nouvel Empire n'aient pas de cesse qu'ils n'aient conquis la région » [Jean Vercoutter, *L'Egypte et la vallée du Nil T1 (Des origines à la fin de l'Ancien Empire, 12000-2000 av. J.-C*, PUF, 1992, pp. 339-340)].

L'ivoire (défenses d'éléphant, dents d'hippopotame, cornes de rhinocéros) est une "matière première des plus fréquentes"[37] qui prenaient le chemin du Nil (Bahr el Ghazal, Nil Blanc, Nil Bleu) en provenance des contrées situées plus au sud (Darfour, Yam, Centrafrique). Des peaux de bêtes, des plumes d'oiseaux, des essences de bois rares comme l'ébène étaient recherchées. Eléphantine, ville dont le prince Herkhouf fut le gouverneur, joua un rôle important dans les échanges économiques trans-nilotiques : elle servit de tête de pont des caravanes qui partaient vers l'Afrique centrale et ce fut aussi un grand souk où toutes sortes de produits se rencontraient. «*Au musée d'Assouan, établi sur l'île d'Eléphantine, un peigne en ivoire représente une girafe et son petit parmi d'autres pièces, elles aussi en ivoire : une coupe de 25 cm de long en forme de navette, deux manches de couteaux, une baguette de danse en forme de main taillée dans une petite défense... Ces objets retrouvés lors des fouilles dans divers sites archéologiques dateraient de 4500 ans avant notre ère.*»[38].

Claire Préaux relate l'histoire des chasses et des circulations marchandes. «C'est au Sud que sont les territoires de la chasse aux éléphants et les voies qui mènent vers la Nubie, où gisent les mines d'or, et vers Pount, le but d'expéditions glorieuses dont les merveilles sont racontées aux murs du temple de la reine Hatchepsout, l'un des souverains les plus forts de la XVIIIe dynastie»[39]. Elle nous apprend que le marché international de l'ivoire était florissant. Quant à l'Egypte qui était exportatrice, elle devait faire face à la concurrence des Séleucides, chez qui s'accumule l'ivoire de l'Inde. C'est avec l'apport de l'ivoire africain, en particulier du Pount, de la Nubie, qu'elle pouvait résister et faire chuter les prix[40].

Le Pygmée avait un rôle de capture d'éléphants ou de singes comme le baboun, de fournisseurs des peaux de léopard ou de lion et d'autres animaux, du bois d'ébène, des produits magico-religieux entre autres qui ne se trouvaient pas en terre Egyptienne. Dès lors apparaît l'importance de l'apport du Pygmée Aka, l'acteur économique, qui prit largement part aux échanges commerciaux trans-nilotiques et avec les populations voisines.

Dans la rélation établie par Babacar Sall sous le titre "Herkhouf et le pays de Yam" publiée dans la *Revue Ankh* (N°4/5, 1995-1996, pp. 56-70)[41], l'auteur souligne notamment :
> « Cette localisation de Yam jusqu'aux latitudes du Darfour en fait un pays lointain. Elle diffère de la suggestion de A. Gardiner (reprise par H. Goedicke) selon laquelle la présence de Yamites dans la "*police*" de pharaon dès l'Ancien Empire, traduit la proximité de Yam par rapport à l'Egypte (*cf. Ancient Egyptian onomastica*, I, 1947, p. 74-76).
>
> « Elle explique mieux le fait que des objets égyptiens aient été découverts en Afrique équatoriale (malgré le doute sur les conditions dans lesquelles de telles découvertes ont eu lieu) comme la statuette d'Osiris retrouvée au Katanga (*cf.* J. Leclant, "*Égypte pharaonique et Afrique*", séance publique annuelle des cinq académies, *Institut*, 10, 1980, p.6). La nature du tribut de Yam montre que HERKOUF a atteint la savane. Celle-ci commence au sud de la 3ᵉ cataracte et couvre tout l'espace nilo-tchadien. Le babouin, le cynocéphale, la panthère n'ont-ils pas pour habitat les confins de l'Ethiopie et du Soudan ? (La vallée du Gash dit J. Leclant, *op. cit.*, 1980, p.8). Les pygmées *Aka* n'ont-ils pas pour habitat et territoire de chasse l'espace

couvrant le nord-est de la Centre-Afrique et le bassin du Bahr el Ghazal dans le sud-ouest du Soudan ?
« Il apparaît ainsi que les populations que l'on croit être caractérisées par un traditionalisme ont participé à une intense vie de relations pan-nilotique dès le 3e millénaire av. J.C. A cette date remarque J. Leclant "... *les nains - les pygmées peut-être... semblent témoigner de longues chaînes de relations indirectes reliant la basse vallée du Nil à des pays d'Afrique fort lointains*" (*cf. L'Institut*, 10, 1980, p. 9). Il apparaît dès lors que Yam n'était pas une des oasis du Sahara oriental. La nature des produits des tributs remis à HERKOUF lors de ses 3e et 4e expéditions milite pour une localisation de Yam à partir de la plaine du Dongola.
« Les mentions de l'ébène (*Urk*. I, 127, 1) et du pygmée (*Urk*. I, 128, 15) traduisent le fait que Yam avait une grande extension vers le sud et jouxtait le domaine équatorial. Dans les zones tropicales sèches et humides, le mois de décembre correspond à la période d'engrènement. C'est à cette date qu'HERKOUF y arrivait pour récupérer le tribut.
« Cette profonde connaissance de la réalité économique du Soudan nilotique montre la fréquence des relations entre l'Egypte pharaonique et le Soudan ancien. Ces relations, HERKOUF ne les avait pas inaugurées en tant que simple individu. Il a fallu des prédécesseurs dont certainement IRY, le père de HERKOUF, qui accompagna ce dernier lors de la première expédition. C'est probablement à la suite des descriptions faites par ces derniers que MÉRENRÊ I décida d'établir des contacts officiels qu'inaugure HERKOUF.
«Yam lui-même était bien impliqué dans les relations entre le Soudan et le domaine équatorial, avec les groupes pygmées. » Ces derniers ne sont donc pas les derniers hommes du Paléolithique. Ils étaient en

relation avec des sociétés et Etats plus de 2500 ans avant le Christianisme, plus de 3100 ans avant l'Islam. »

Nombre explorateurs, parmi lesquels le géographe hollandais Olfert Dapper, avaient fait le tour du Continent africain au début du XVIIe siècle ; ils firent connaissance des Pygmées et de leurs activités. Au cours de son voyage en 1668, Dapper mentionne la présence dans les échanges commerciaux le long des côtes du Kongo (Afrique centrale), tout en soulignant leur prouesse et leur dextérité pour la chasse des éléphants : « *Ce sont les Louangois qui vendent le plus d'ivoire aux Européens; ils le vont acheter des Jagos à Kokke-Meale, où ils portent du sel dans des paniers sur la tête de leurs esclaves. Les Jagos tirent les dents d'éléphant de certains petits hommes nommez Minos et Bakke-Bakke sujets du Grand Macoco. Les Jagos assurent que ces Noirs savent se rendre invisibles, lorsqu'ils vont à la chasse, et qu'ainsi ils n'ont pas grand peine à percer de traits ces animaux, dont ils mangent la chair et vendent les défenses* » (Dapper, 1970, p. 358).

Les Pygmées prirent part aux relations économiques trans-nilotiques. Ils contribuent à la connaissance et au développement à travers leurs savoirs, savoirs faire et des échanges depuis la nuit des temps jusqu'à nos jours: qu'il s'agisse des produits de chasse (ivoire, peaux, plumes, animaux divers), ou de la cire, du bois et les dérivés, de l'ébène, des plantes, de la pharmacopée, de la cosmogonie, de l'écologie, l'interprétation de certains phénomènes (maladies, rêves, mauvais esprits…).

V. Icotexte

V.01. Carte du bassin du Nil des Grands Lacs à la Méditerranée

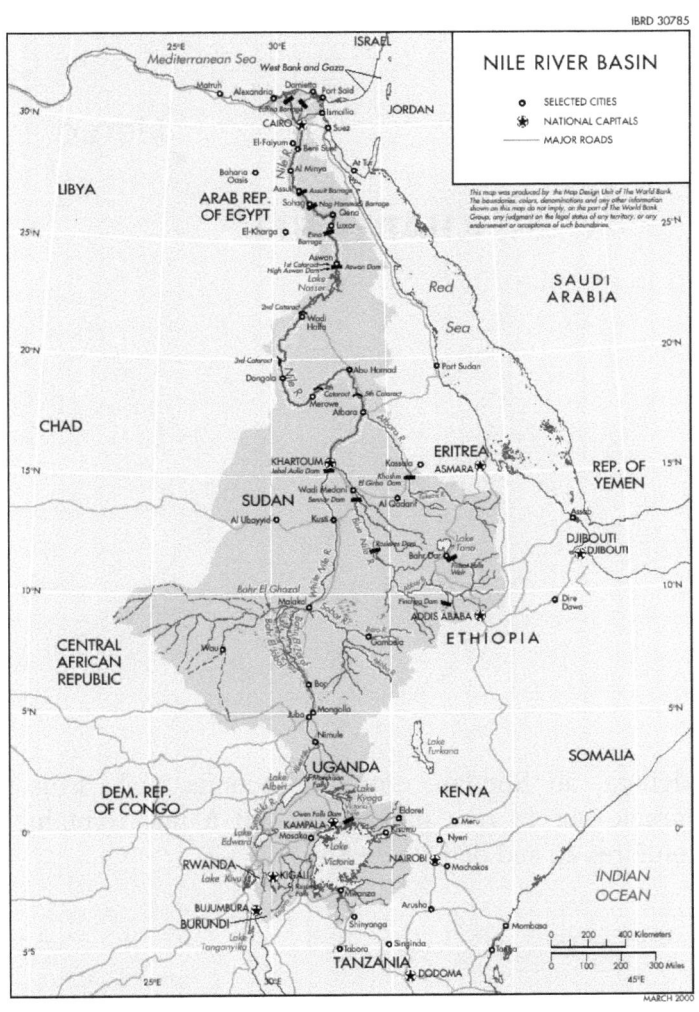

V.02. Carte : Sedeinga, Soudan

Sedeinga, au Soudan, entre la seconde et la troisième cataracte sur la rive gauche du Nil à une trentaine de kilomètres au sud de l'île de Saï.

V.03. Le président David Dacko de la République Centrafricaine et les Pygmées dans la Lobaye

Il prit sous sa protection le jeune Michel Mboya originaire de Mongoumba, le premier Aka centrafricain qui entra au Collège en 1960. Il devient, Instituteur, Guide interprète, Député (membre du Conseil national de Transition) d'août 2003 à 2005. – (Archive, René Deverdun).

V.04. Les Bayaka à Paris, Grande Halle de la Villette, 1991 .04

V.04A. Les Bayaka à Paris, 1991 – ils chantent et dansent.

V.04B. Les Bayaka à Paris, 1991 - femmes Bayaka (dont une mère allaite son bébé), Grande Halle de la Villette.

[Un film a été réalisé par Mark Kidel, Les Films d'Ici, 1991 : *LES PYGMEES A PARIS*. Les pygmées Bayaka de la République Centrafricaine sont l'une des dernières communautés humaines vivant de la chasse et de la cueillette. Leur mode de vie traditionnel est menacé, et leurs magnifiques chants polyphoniques auront du mal à survivre sauf dans le cadre de spectacles folkloriques. En Juin 1991, un groupe de pygmées Bayaka était invité à Paris pour chanter et danser à la Grande Halle de la Villette. Pour les Parisiens, c'était un grand évènement médiatique. Pour ces Pygmées, c'était la première fois qu'ils quittaient l'univers familier de la Grande Forêt.]

V.05. Marie Lisenga Bafalikike dans une tenue traditionnelle (RDC)

Marie Dorothée Lisenga Bafalikike, enseignante en RDC, Coordinatrice de la Coalition des Femmes Leaders pour l'Environnement et le Développement durable (CFLEDD). sangordc.blogspot.fr, 2011.

« Triste est le sort du peuple autochtone en République Démocratique du Congo, RDC. Nous avons été dépossédé de nos terres ancestrales, avons été forcé d'occuper de nouvel espace où on ne nous reconnaît pas le droit de propriété, et sommes finalement sans repère. Alors que nous sommes citoyens Congolais au même titre que les autres. Mais nous pygmées sommes victimes de l'injustice pour des raisons culturelles et historiques ».

« Nous vivons dans des conditions médiocres du point de vue de la santé de reproduction où notre espèce et notre catégorie de la population est menacée d'être minoritaire à jamais, et où les femmes ont subi et ont été victimes des viols, des fistules non soignés à cet effet ».

V.06. 24 novembre 2004, Paris – présentation de l'ouvrage *Contribution à l'histoire ancienne des Pygmées. L'exemple des Aka*

Une partie du public, de gauche à droite : Jobby Valente, l'auteur, Marie-Christine Bissiengué, Mathieu Mbarga-Abega.

V.07. Groupe Ndima, Aka du Congo Brazzaville à Paris, 2016

V.07A. Ndima 1-12072016. - Le *Groupe Ndima, Aka du Congo Brazzaville sous la direction de l'ethnologue Sorel Eta, en fin du concert public, accompagné de certains spectateurs* (12 juillet 2016, Paris 18e, France)

V.07B. - Ndima 2-13072016. Atelier d'initiation

V.07C. Ndima 3-13072016. - Atelier d'initiation

Conclusion

Les Maîtres du temps du "Pays des Arbres", gardiens de la forêt, écologistes avant l'heure, ont contribué à la connaissance et au développement, à la civilisation, à travers leurs savoirs et savoirs faire, des échanges depuis la nuit des temps. Les Pygmées jouissent de la réputation de grands pisteurs et avaient coutume de convoyer depuis les confins de la forêt équatoriale jusqu'à la Basse Vallée du Nil des produits de chasse et autres marchandises indispensables à la Nubie et à l'Egypte pharaonique. Ils ont des connaissances de toutes les plantes et de leurs vertus curatives en médecine, de la zoologie, de la musique, de la cosmogonie. Les Aka sont capables de discerner les signes qui se manifestent à travers la musique (la symphonie de la nature, la portée thérapeutique).

L'un des premiers peuples habitant les immenses forêts du Sahara qui, aujourd'hui, laissent place aux terres arides et au désert, ce sont les Pygmées. Ils s'en allèrent à la recherche de régions plus favorables à leur survie. Localisés à présent dans la grande forêt équatoriale, ils sont bien ces occupants préhistoriques de l'Afrique subsaharienne suivant une ligne qui part de l'Océan indien jusqu'à l'Atlantique, c'est-à-dire, le même chemin emprunté par leurs ancêtres, et qui ont connu la migration depuis le berceau nilotique jusqu'à leurs zones-refuges actuelles. Précurseurs et "éclaireurs", répondant à des appellations souvent improprement attribuées (Aka, Baka, Babongo, Babenzélé, Babenga, Bambuti, Batwa, Yadenga), ils participent directement à l'émergence et à l'histoire des peuples africains, de l'humanité toute entière.

Claire Lalouette note dans ses *Textes sacrés et textes profanes de l'ancienne Egypte*, les «Egyptiens avaient remarqué que les Pygmées qu'ils connaissaient (et qui étaient très recherchés par la cour d'Egypte, pourvus d'honneur: l'un d'eux fut maître de la garde-robe de Pépi II) pratiquaient des danses rituelles au lever du soleil; pour cette raison ils furent associés au culte solaire.». [Cf. Claire Lalouette, 1984, vol I. Note N° 31, pp. 324-325.]

L'étude des données nous fait saisir l'étendue inestimable du legs séculaire dont la population pygmée est dépositaire. De même, le Pygmée a été divinisé sous les traits de dieu Bès. La présence fut attestée à travers de nombreux textes dès l'Ancien Empire. Cette divinité, depuis la plus Haute Antiquité, a été vénérée jusqu'à la fin de l'époque pharaonique, voire après que le christianisme se soit installé dans le pays, 4e siècle de la période gréco-romaine. La ferveur pour cette divinité se manifestait aussi bien en Grèce qu'à Rome et dans d'autres contrées. Au départ, Bès était surtout considéré comme protecteur de la maison royale d'Egypte. Apotropaïque, il devient très populaire dès le Nouvel Empire.

Dieu bienfaisant, adoré comme une divinité tutélaire de la naissance, de la grossesse, de la fertilité, du mariage, Bès assure la protection contre le mauvais œil, contre toutes les influences néfastes dues à des êtres malfaisants ou à des animaux nuisibles (reptiles, scorpions, fauves...). Il se retrouve dans les mammisis (maisons de naissance des temples) où il veille sur l'accouchement divin. Il s'accompagne souvent de la déesse Taouret qui joue le même rôle; celle-ci porte souvent le hiéroglyphe "*sa*", le signe de « protection ». Quand les parturiantes portent le talisman, elles ne peuvent faire d'avortements, accoucher de personnes difformes.

Bès prenait aussi place dans les temples dédiés à de nombreuses autres divinités. Il partageait des attributs analogues à ceux de la déesse Hathor ; pour cela, il était présent dans les chapelles, comme celle de Denderah, particulièrement dédiées à la déesse, relativement aux domaines où s'étendait l'influence de celle-ci: la musique, la danse, la mère nourricière, le plaisir sexuel, la toilette.

Bès pratique tout comme le Pygmée Aka, « le danseur de Dieu » en rapport avec l'astre solaire et le rythme cosmique, la musique curative et la chorégraphie sacrées, des rites et croyances religieuses. Il est le patron des danseuses qui faisaient tatouer son effigie sur leurs cuisses. Les Egyptiens pratiquaient ainsi la danse de la fertilité, la danse astrale, des danses au cours des fêtes et des réjouissances célébrant les divinités.

Le dieu Bès faisait fuir les influences néfastes, éloignait les esprits maléfiques et leur empêchait la possibilité d'apparaître dans le sommeil. Il était également l'interpréteur des rêves.

Il mit ses qualités au service des dieux jeunes dont le nom est associé à celui d'Horus l'enfant ou Harpocrate (Hor-pa-khered).

Bès a été le gardien de l'astre solaire. Sous sa forme de Bès panthée, être hybride tenant de plusieurs divinités comme Isis, Horus, Bastet, Taouret, Thot, il devient un protecteur universel dont l'aspect composite reflète la multitude des fonctions divines.

C'est le dépositaire et récipiendaire des initiés supérieurs en liaison avec la Maât et entre autres Nout et Isis. Selon les termes de Youri Volokhine (1998, pp.92-93), « *En effet dans les ruines du temple d'Osiris (à Abydos), une chapelle oraculaire du dieu Bès attire les foules, principalement à l'époque romaine. La présence de Bès en ces lieux n'est pas si incongrue que certains ont pu le penser. Promu divinité majeure dès la basse époque, dieu populaire par excellence, Bès rejoint, comme montre D. Mecks, Osiris par divers aspects de sa personnalité.* »

La question du patrimoine de l'Humanité et de la « réconciliation des civilisations africaines avec l'histoire universelle » se pose. Du berceau nilotique à l'Egypte ancienne, ainsi qu'au bassin méditerranéen, au Proche-Orient et au reste du Monde, étant donné l'importance du legs séculaire dont sont dépositaires les Pygmées, le devoir d'inventaire s'impose pour une meilleure production de la connaissance et du savoir. [Cf. « Pour une réconciliation des civilisations africaines avec l'histoire universelle », par V. Bissengué, in *L'Homme*, 2007, N°181: 189 à 195.]

Il apparaît que « *les peuples autochtones vivent dans de nombreuses zones parmi les plus diverses biologiquement. Comme gardiens de ces terres, ils ont accumulé un grand savoir sur l'impact de la dégradation de l'environnement, notamment le changement climatique.*

« *Ils connaissent les conséquences économiques et sociales, et ils peuvent et doivent jouer un rôle dans l'action mondiale.* » [Ban Ki-moon, Secrétaire général de l'ONU. N.Y, 21 avril 2008. (Message aux participants de la 7ème session de l'Instance permanente sur les questions autochtones, avec le thème du moment : *Les changements climatiques*).]

VI. Les matériaux complémentaires : Textes, Témoignages, Résolutions, Conventions

VI.01. La confirmation de l'ancienneté des Pygmées par la génétique de la population

VI.01A. ADNmt et populations humaines : une étude du cas des Pygmées d'Afrique par le professeur Gérard LUCOTTE

Localisés au paléolithique dans les régions des Grands Lacs, le Rwanda, le Burundi, le Kenya, la Tanzanie, l'Ouganda, la République d Démocratique du Congo, et la République du Congo, la République Centrafricaine, le Cameroun, le Gabon, le nombre des Pygmées varie aujourd'hui entre 700 0000 individus environ. Ces populations très anciennes ont bien pris une part prépondérante dans l'élaboration des premières manifestations culturelles de l'humanité[42].

Les travaux du professeur Gérard LUCOTTE[43] fondés entre autres sur les données des marqueurs protéiques, des marqueurs ADN nucléaires et de l'ADN mitochondrial indiquaient déjà que ce sont les Pygmées Aka actuellement localisés en République Centrafricaine qui présentent de façon majoritaire l'haplotype Y primitif. Il précise que les « *Pygmées de la tribu Aka* de la région du Sud-ouest se situent dans l'espace de « *localisation du Jardin d'Eden* ».

Ainsi, se note l'idée centrale des travaux menés par Gérard Lucotte et ses collaborateurs : « La sonde ADN p49, spécifique du chromosome Y, a été utilisée à la détection du polymorphisme de restriction Tag I dans deux populations pygmées et bantoues d'Afrique. Les Pygmées sont caractérisés par la prépondérance de Phaplotype XIII et par la présence d'haplotypes qui leur sont spécifiques (en particulier le XVIII). Ils sont nettement distincts à cet égard des populations bantoues, et le calcul des distances génétiques à ce système permet de préciser l'étendue de l'apport des gènes des Grands Noirs aux populations pygmées.

Les travaux portant sur les séquences mitochondriales [marqueur hérité de la mère] des différentes populations d'hommes modernes ont été principalement mis en œuvre par les chercheurs des groupes de Douglas Wallace à Atlanta (GA, USA) et d'Allan Wilson à l'Université de Berkeley (CA, USA) dans les années1980. Ils ont ainsi montré que tous les ADNmt actuels dérivaient d'une ancêtre commune vivant en Afrique (il y a environ, selon la datation obtenue, 100 000 à 200 000 ans).

C'est à partir d'un polymorphisme de restriction Hpa I que l'équipe de Wallace a mis en évidence pour la première fois, qu'une variation de l'ADNmt était corrélée avec une ethnie et une origine géographique particulières. L'étude a montré que plus de 90% des Africains possédaient le site Hpa I (nt 3592) alors qu'aucun Asiatique ou Européen ne le possédait. Ensuite, l'utilisation d'autres polymorphismes de restriction a confirmé la relation entre la variation de l'ADNmt et l'origine géographique des individus examinés. Ces résultats montraient aussi que les Africains constituaient un groupe ethnique beaucoup plus variable que les autres groupes. Enfin, cette étude était en accord avec l'origine africaine récente des populations

humaines car elle datait l'origine des lignées mitochondriales à 100000 ans.
Ce modèle de « remplacement rapide» a été conforté, un peu plus tard, par l'équipe de Wilson. Ces chercheurs ont fait un travail important sur de très nombreuses populations et ils ont montré, d'une part, que c'était, de nouveau, en Afrique que l'on trouvait la plus grande diversité de séquences mitochondriales. D'autre part, l'arbre phylogénétique comportait 2 branches primaires distinctes : la première exclusivement africaine, la seconde branche possédant des séquences africaines et toutes celles des autres populations. En utilisant, un taux de mutation de 2-4 % par million d'années, les chercheurs ont pu calculer que la séquence ancestrale datait de 200000 ans. L'existence d'une « Ève africaine » récente a aussi été avancée sur la base des études portant sur la région non codante de l'ADNmt (DLOOP) qui est 3-4 fois plus polymorphe que les régions codantes.
Ces études ont confirmé la plus grande diversité des séquences africaines et l'âge de la première branche entre 166000 et 249000 ans.

En conclusion, toutes ces études confortaient le modèle de «remplacement rapide » avançant que l'homme est apparu en Afrique. Par la suite, des populations sont sorties de ce continent pour coloniser de nouvelles terres.
Les résultats de ces études montrent bien que la population africaine est la divergente. Sur les 70 haplotypes différents retrouvés dans les populations africaines, 55 appartiennent à l'haplogroupe L « spécifiquement africain », défini aussi par la présence du site Hpa I 3592 cité plus haut. Dans cet haplogroupe, deux sous-groupes, L1 et L2, représentent respectivement 34% et 42% de la population africaine. Si les populations d'Afrique de l'Ouest sont dispersées dans les deux sous-groupes, les Pygmées de l'Est et les

Pygmées d'Ouest montrent une distribution asymétrique entre ces deux groupes. En effet, les Pygmées d'Afrique de l'Est (ex-Zaïre) sont regroupés à 65% dans une seule sous-lignée de l'haplogroupe L1, alors que les pygmées d'Afrique de l'Ouest (République de Centrafrique), sont regroupés à 54% dans une seule sous-lignée de l'haplogroupe L2. Un autre groupe d'ADNmt est défini par la perte d'un site Dde I (nt 10394) et représente environ 4 % des populations africaines. Cet haplotype est particulièrement intéressant car il pouvait être à l'origine des ADNmt de plus de la moitié des Européens, et de certaines populations d'Asie et d'Amérique. Enfin, en utilisant un taux de mutation de l'ADNmt de 2-3 %/million d'années, la date d'origine de l'haplogroupe L se situerait entre 98000 et 130000 ans et la lignée des ADNmt africains aurait entre 101000 et 131000 ans.» [*médecine/ sciences* n° 8-9, vol. 15, août-septembre 1999][44]

VI.01B. Parenté entre les Pygmées et les Grands Noirs

Des chercheurs du CNRS et de l'Institut Pasteur, en collaboration avec une équipe pluridisciplinaire et internationale, ont étudié l'histoire démographique et génétique des Pygmées et des agriculteurs bantous de l'Afrique centrale. Leur étude suggère que les deux groupes ont commencé à diverger à partir d'une population ancestrale commune il n'y a pas plus de 70 000 ans, puis qu'ils sont restés isolés les uns des autres, avant d'échanger à nouveau des gènes, à partir d'il y a 40 000 ans, par l'intermédiaire de mariages de femmes pygmées avec des hommes agriculteurs.

La synthèse de ces travaux a été rendue publique par une diffusion dans la revue spécialisée PNAS (Proceeding of

National Academy of Sciences) sous son titre initial *Maternal traces of deep common ancestry and asymmetric gene flow between Pygmy hunter-gatherers and Bantu-speaking farmers*, d'une part ; et d'autre part, par un communiqué de presse, « L'histoire des populations de Pygmées et d'agriculteurs bantous d'Afrique Centrale », révélant au grand public l'événement le 4 février 2008 à Paris, tout en précisant la nature de collaboration scientifique établie à la base : « Des généticiens des populations, du CNRS et de l'Institut Pasteur[45], se sont associés à d'autres chercheurs en bioinformatique, en ethnolinguistique et en épidémiologie[46] pour étudier les populations de Pygmées (chasseurs-cueilleurs nomades) et de villageois bantous (agriculteurs et éleveurs sédentaires) qui vivent en Afrique Centrale. Ils ont travaillé sur l'ADN mitochondrial (ADNmt), transmis seulement par la voie maternelle. Leur échantillon de population était composé de 1500 individus issus de 20 populations d'agriculteurs villageois bantoues et de 9 populations de Pygmées chasseurs-cueilleurs du Gabon, du Cameroun, de la République Centrafricaine et de la République Démocratique du Congo. »

A cet effet, l'un des chercheurs généticiens, Quintana-Murci Lluis devait préciser que les scientifiques veulent surtout « comprendre comment la transition entre une activité de chasseur-cueilleur et celle d'agriculteur-éleveur a pu influencer le patrimoine génétique, le comportement culturel et les relations avec les agents pathogènes, qui trouvent un terrain plus favorable avec la sédentarisation. »

VI.01C. Origine, diversité des migrations de populations africaines à la lumière des résultats de l'équipe internationale de Sarah Tishkoff

Sarah Tishkoff[47], de l'Université du Maryland à College Park, et une équipe de chercheurs américains, africains et européens ont étudié les variations génétiques parmi 121 populations africaines, 4 américaines d'origine africaine et 60 non africaines en partant de l'ADN fourni par des volontaires et en comparant la séquence de leur génome pour différents marqueurs génétiques. Ils en ont étudié 1327. Il s'agit de séquences du génome humain présentant de très nombreuses variantes. Les similitudes qu'ils ont découvertes permettent de supposer que les tout premiers hommes ont vécu dans le sud-ouest du continent, notamment dans la région délimitant la Namibie et l'Afrique du Sud. C'est dans cette zone que vit aujourd'hui le peuple des San (Bochimans), dont le génome présente le plus grand nombre de variations. On peut ainsi supposer qu'ils seraient les descendants des premiers représentants du genre humain.

Partant du sud, les hommes auraient ensuite colonisé le reste du continent africain – en emportant leur langue et leur culture avec eux. On peut aujourd'hui classer les langues africaines en quatre familles : les langues khoisan, aux clics caractéristiques, les langues nigéro-congolaises, les langues nilo-sahariennes et les langues afro-asiatiques. « *Pour qu'une langue arrive dans une nouvelle région, il faut au minimum deux locuteurs* », explique Christopher Ehret, de l'Université de Californie à Los Angeles. « *Or, dans le cadre de migrations, on a souvent un grand nombre de locuteurs qui s'installent simultanément dans une nouvelle région. Il est donc normal que les déplacements de population s'accompagnent également d'une circulation des langues.* »

Les chercheurs, parmi lesquels Floyd A. Reed (Max Planck Institute of Evolutionary Biology) ou Alain Froment (Musée de l'Homme), ont toutefois trouvé des cas où le génome ne correspondait pas au modèle linguistique. *« Dans le nord du Cameroun et au Tchad, il y a des personnes qui parlent une langue afro-asiatique mais ressemblent sur le plan génétique à des locuteurs de langue nilo-saharienne. Ces populations ont donc dû changer de langue à un moment de l'Histoire »,* confie Sarah Tishkoff. C'est ce qu'ont dû faire les Pygmées d'Afrique centrale. Ils parlent aujourd'hui la langue des ethnies voisines, une forme de bantou. Or l'analyse génétique montre que les Pygmées partagent des ancêtres communs avec des ethnies qui vivent à des milliers de kilomètres de là.

Les études mettent au jour des différences entre les données génétiques et linguistiques. Elles montrent que plus géographiquement les populations sont éloignées de l'Afrique plus la diversité génétique et la variété phénotypique diminuent :
  - Le peuple Masaï (Kenya), par exemple a maintenu son langage traditionnel et son mode de vie pastoral mais génétiquement ils se sont mélangés avec des populations éthiopiennes.
  - Les populations de chasseurs-cueilleurs Pygmées et les San dont les langues comportent des claquements (ou clics) ont des ancêtres communs avec d'autres populations d'Afrique de l'Est s'exprimant également avec des claquements.

En étudiant les variations génétiques selon la géographie, les chercheurs ont pu retracer les premières migrations humaines. Ils avancent l'hypothèse d'une première "sortie" de l'Afrique près de la Mer Rouge, en Afrique de l'est. C'est une nouvelle confirmation de la théorie Out of Africa.

VI.01D. Le génome des Pygmées bouleverse les modèles scientifiques actuels

Faute de vestiges archéologiques ou de textes anciens, le seul moyen de retracer l'histoire de certaines populations est parfois l'ADN. C'est en lisant dans leur génome que des chercheurs ont pu révéler certains aspects inconnus des pygmées, chasseurs-cueilleurs d'Afrique centrale.
Il y a quelques années, les travaux de Lluis Quintana-Murci et Etienne Patin, généticiens de l'Institut Pasteur et du CNRS, avaient déjà réussi pour la première fois à situer dans le temps la séparation des ancêtres des pygmées avec ceux des agriculteurs bantous: voici environ 60000 à 70000 ans, bien avant que les derniers Néandertaliens se soient éteints en Europe. L'équipe des chercheurs entama l'étude séquençant le génome complet de vingt pygmées et de vingt agriculteurs bantous pour trouver les raisons de ces spécificités.

Un brassage génétique très récent
« Ces populations ont donc passé plusieurs dizaines de milliers d'années à s'adapter à des milieux de vie différents », chacune dans leur coin et quasiment sans laisser de traces dans les sols acides de la forêt équatoriale, relève Etienne Patin.

Quand leurs routes se sont-elles de nouveau croisées ?

Les théories actuelles affirment que pygmées et agriculteurs ont commencé à se mélanger génétiquement il y a 5000 ans, au moment où les bantous, en pleine expansion démographique, sont arrivés dans les forêts habitées par les pygmées.

Faux, rétorquent Lluis Quintana-Murci et Etienne Patin, qui ont analysé et comparé le génome de plus de 300 personnes, à la fois pygmées et bantous de différents pays d'Afrique centrale (Gabon, Cameroun, Ouganda, Centrafrique et RDC), dans une étude publiée mardi 4 février 2014[48] par la revue Nature Communications. "Nous montrons qu'en réalité ces mélanges ont commencé principalement il y a moins de mille ans", déclarent à l'AFP les chercheurs du laboratoire de "Génétique évolutive humaine".

"Ce résultat suggère que les relations sociales qui se sont établies lors de leurs premières rencontres ont très vite été accompagnées par la mise en place d'un très fort tabou contre les intermariages, observé encore aujourd'hui", dit M. Patin.

Proximité géographique ne veut pas dire proximité génétique
« Le fait que les populations pygmées et agricultrices aient pu passer 3.000 ans au contact les unes des autres sans se mélanger génétiquement remet en cause le modèle admis de l'isolement par la distance observé chez l'Homme", un principe qui veut que plus des populations sont proches géographiquement, plus elles deviennent proches génétiquement. Selon des travaux anthropologiques, ce tabou pourrait venir du statut particulier des pygmées aux yeux de leurs voisins agriculteurs, à la fois craints pour leurs connaissances magiques de la forêt mais aussi dévalorisés à cause de leur mode de vie.

L'étude révèle en outre que les pygmées de la forêt équatoriale (moins de 200.000 individus au total) ont une diversité génétique bien plus grande que leurs voisins bantous sédentaires. Par exemple, la population de chasseurs-cueilleurs Batwa d'Ouganda - dont le génome a été étudié pour la première fois - est étonnamment distincte génétiquement des pygmées Mbuti qui vivent à seulement 500 km de là, en RDC.

Autre phénomène mis en lumière par la comparaison d'ADN, le génome de la population pygmée peut contenir jusqu'à 50% de matériel génétique hérité de non-pygmées, mais l'inverse n'a pas été observé chez les populations bantoues.

Toutes les populations pygmées présentent une taille moyenne inférieure à celle de leurs voisins agriculteurs, mais leur taille est proportionnelle à la quantité du génome hérité de non-pygmées: "Moins on est pygmée - génétiquement parlant -, plus on est grand", résume Etienne Patin.

La petite taille des pygmées est donc inscrite dans leur génome, mais "il n'y a visiblement pas de gène unique de la taille pygmée", cela dépend d'un grand nombre de gènes, comme c'est le cas pour les populations européennes, souligne le chercheur.

Au-delà de la taille, "ces populations sont connues pour avoir d'autres différences morphologiques (couleur de peau, nature des cheveux, largeur du nez) et de prévalence de maladies infectieuses, sujet sur lequel nous concentrons tous nos efforts actuels.»[49]

VI.02. Appuis-tête de l'Egypte pharaonique: typologie et significations

Apres avoir observé l'usage de l'appui-tête d'un point de vue ethnographique et égyptologique, il a été nécessaire de le présenter en relation avec la notion de sommeil et de rêve. La question du diffusionnisme de l'Egypte à l'Afrique est soulevée. Dans l'Egypte pharaonique, les chevets et le mot qui les désigne se rapportent à la conception des rêves, du sommeil et de l'éveil. Un corpus des chevets égyptiens le plus complet possible a été établi et décrit, l'étude parallèle de l'usage de l'appui-tête en Afrique noire, étayée par l'examen de cas précis, permet d'envisager un processus de diffusion de cet objet, a une époque donnée, à partir de l'Afrique de l'est, ou depuis l'Egypte ancienne a l'Afrique moderne, au travers d'une recherche commune de solutions fonctionnelles et technologiques pour créer un objet utilitaire, témoignant d'une idée du confort du sommeil particulière. La comparaison a montré l'existence de parallèles ergologiques. Les attestations les plus anciennes, les chevets nombreux de la tombe de Toutankhamon, les différents types d'inscriptions rencontrées, ainsi que le répertoire iconographique figurant sur les chevets (Bès et génies protecteurs, etc.) sont les thèmes abordés, ainsi que les représentations de chevets, les modèles réduits et les amulettes. Enfin, différents objets sont à mettre en relation avec l'appui-tête, le siège (forme), les ivoires magiques, les coussins et les hypocéphales (significations). Le chevet est un meuble ambulant, que les populations nomades affectionnent. Les fonctions de l'appui-tête appartiennent au domaine quotidien et funéraire, protégeant une coiffure, la tête du dormeur du contact avec le sol, il favorise la venue des rêves ou empêche les cauchemars et conjure

l'éventualité de la mort. Il est un support médiateur pour le défunt et pour le dormeur soulignant l'importance de la conservation et de l'exhaussement de la tête.
[Thèse de doctorat en Histoire. Direction de Françoise Jean Dunand Yoyotte. Soutenue en 1997 à Strasbourg 2 (*Résumé de la thèse* par l'auteur, Milena PERRAUD, *Appuis-tête de l'Egypte pharaonique : typologie et significations*).]

***

***Note complémentaire*:**
Deux types d'appui-tête dans l'Égypte antique se distinguent : les appuis-tête utilisés par les Égyptiens pour dormir et ceux à vocation rituelle.
Ces chevets avaient une valeur protectrice : tout comme le dormeur, le mort était protégé par des figures aussi efficaces que celle du dieu Bès. D'autre part, le fait que la tête soit soulevée symbolisait le lever du soleil auquel le défunt renaissant est toujours comparé. Mais la fonction de ces objets rituels va plus loin : la tête des défunts était particulièrement importante pour leur devenir posthume ; ainsi celle-ci ne doit pas se détacher du corps : il fallait en prendre soin, y placer un masque funéraire et pourvoir le défunt d'un appui-tête, à la fois soutien et protection divine.

Le *Livre des morts* au chapitre 166 consacré à l'invocation de l'appui-tête, fait apparaître la « *Formule pour le chevet - Les ménout[50] t'éveillent, toi qui étais endormi : ils t'éveillent à l'horizon. Dresse-toi ! Tu as été proclamé victorieux de ce qui a été tramé contre toi, Ptah a renversé ton ennemi (...). Tu es Horus, fils d'Hathor, l'incandescent, fils de l'incandescente, celui à qui a été redonnée sa tête*

après qu'elle eut été tranchée ; ta tête ne te sera plus retirée ensuite, ta tête ne te sera plus retirée jamais.»
Geneviève Pierrat-Bonnefois, du Musée de Louvre, à propos de *l'Appui-tête démontable*, rapporte un chapitre du *Livre des Morts* dans le Nouvel Empire (le numéro 43 dans la nomenclature des égyptologues illustré par l'image du chevet). La version du texte traduit par J.-L. de Cenival indique,
"*Formule pour empêcher qu'on ne coupe la tête de Un Tel dans le monde des morts :*
Je suis le grand, fils du grand, le feu, fils du feu à qui sa tête a été rendue après qu'elle ait été coupée. De même qu'on ne saurait arracher à Osiris sa tête, on ne saurait m'arracher ma tête. Je me suis dressé, plein d'ardeur et de jeunesse, car je suis Osiris maître de l'éternité."

VI.03. Le témoignage des Aka aujourd'hui

VI.03A. Propos des Aka par Survival

« Les anciens disent que, ne pouvant plus aller dans la forêt, ils ne peuvent plus enseigner les pratiques et les savoirs traditionnels à leurs enfants – la collecte du miel, la chasse ou l'usage des plantes médicinales. »
SURVIVAL

« Un jour, nous étions dans la forêt lorsque nous avons vu des gens arriver mitraillettes à la main qui nous ordonnèrent de partir. Nous avions si peur que nous nous sommes mis à courir sans savoir où aller et certains d'entre nous ont disparu. Ils sont soit morts soit allés dans un endroit que nous ignorons. Avec ces expulsions, nous sommes désormais tous dispersés. »
"SEMBAGARE FRANCIS"

« Depuis que nous avons été chassés de nos terres, la mort nous frappe. Nous enterrons des gens presque tous les jours. Le village se vide. Nous allons vers l'extinction. Maintenant toutes les personnes âgées ont trouvé la mort. Notre culture se meurt aussi. »
"UN MUTWA DE KALEHE, DRC"

Survival, *'Pygmées' Afrique centrale*, 2018.
[https://www.survivalinternational.fr/peuples/pygmees]

***

VI.03B. MOKE

Un sage, un ancien Mbuti qui voit ses congénères subir sévèrement les conséquences de la déforestation, prononce la phrase mémorable: *La forêt est notre foyer; quand nous quitterons la forêt, ou quand elle mourra, nous mourrons aussi. Nous sommes les gens de la forêt.»*

***

VI.03C. Léonard Fabrice Odambo Adone

Bakoya du Gabon : *"C'est nous, les peuples autochtones, qui devons être les auteurs et les acteurs de notre destin."*

***

VI.03D. Nous sommes reçus chez les Pygmées installés dans un campement improvisé[51] à la Grande Halle de la Villette à Paris. Ils témoignent

Ils viennent de la République Centrafricaine située à 6000 km en vol d'oiseau. Il s'agit des populations dénommées Bayaka du groupe Pygmée Babenzélé qui se présentent à l'invitation de la Fondation France-Libertés Danièle Mitterrand, pour la première fois en France participer à la manifestation "Afrique Musique, édition 1991.

VI.03D.1. De la question de l'appellation "Pygmée" et de l'affirmation de la citoyenneté

Mathurin Bokombé utilise le terme "Pygmée" lorsqu'il doit s'exprimer en français.

A la place du mot *Pygmée* ou d'autres formules qui s'appliquent à eux, la préférence va pour des expressions comme : *centrafricains - citoyens centrafricains - citoyens de Bayanga,* ou *Babenzélé*. L'appellation courante en sango qui est "Bambénga" n'a jamais été employée : elle est considérée comme péjorative.

La conversation avec les Bayaka devait se poursuivre comme Mathurin Bokombé le souhaitait, en sango, langue officielle de la République Centrafricaine (au même titre que le français).

Les Bayaka vivent près de Bayanga, dernière localité importante avant la frontière du Congo, région de la forêt dense arrosée par la Sangha. Ils se dénomment aussi Babenzélé tout en marquant leur différence avec les voisins Bagombé qui vivent sur le territoire camerounais.

Pour nous faire comprendre d'une autre manière, Mathurin Bokombé, l'un des Pygmées invités à Paris, l'exprime en langue sango en partant d'une situation plus concrète, plus illustrée : la pratique d'une danse observée dans les deux communautés.

Böon! na mbâgë tî âsitoayëen nî äpë?! Töngana dôdô alêngbi na mbênî mbâ tî mo äpe, ayeke "réussir" äpe. Mo mä? Böon, ayeke "habitude" tî sô âla manda nî na ködörö tî âla, bon! angbâ gï da. Mo mä tënë nî awe? Böon! ködörö tî mbâ tî mo, mo pêe tîtene mo hînga dôdô nî äpe. Mo mä tënë nî awe? Böon kôme fadësô ë yeke lâsô ûse: Bangombe ayeke da, Babenzele ayeke da. Böon, parsekê Bangombe ayeke "camerounais", bon! Babenzele ayeke "centrafricain". Mo mä tënë nî ?

Bon! Voilà ce qui se passe du côté des citoyens. Si la danse qui se mène ne convient pas à ton voisin, il ne pourra pas la réussir. Comprends-tu ? Bon! C'est une question d'habitude : quand on l'a apprise dans son pays, on continue à la pratiquer. As-tu compris ? Tu ne peux pas prétendre connaître la danse que mène le citoyen d'un autre pays. As-tu compris ? Bon! D'autant plus que nous formons deux entités distinctes : il y a le Bangombé d'une part et le Babenzélé d'autre part. Bon! Le Bangombé est camerounais et le Babenzélé est centrafricain. As-tu compris ?

Böon! "Deuxième question" : töngana dôdô tî mbâ tî mo, mo pêe tîtene mo yôro terê tî mo na yâ nî äpe parsekê mo hînga yâ tî dôdô nî ôko äpe. Töngana âBangombe ahë dôdô, ë pêe tîtene ë gue tî ë tî lï na yâ nî äpe; ë yeke mä tî ë na mê, ë yeke bâa tî ë na lê. Böon! töngana ë, ë sâla dôdô tî ë, Bangombe agä tî bâa na lê, agä tî mä na mê. Böon, lo yeke sâra tënë nî na âmbâ tî lo kâ. Tî tene "tel" sô töngasô, ayeke na ködörö sô, mo pêe tî dö nî äpe?!
Sî töngana atene *zengi*, parsekê *zengi*, dôdô nî na ë gï ôko, lo yeke dö gï lêgë ôko kôme ayeke dö na Bangombe, kôme ayeke dö na ë âCentrafricain. Mo mä tënë nî awe? Dôdô tî ë sô alêngbi terê gï ôko, gï töngana *zengi*. "C'est ça la question".

Bon! Deuxième question : tu ne peux pas t'intégrer dans une danse qui est propre à un citoyen étranger, parce que tu en ignores les subtilités. Quand les Bangombé font une danse, nous ne pouvons pas y prendre part; on se contentera de l'écouter et de la voir se dérouler. Bon! si c'est nous qui menons la danse, le Bangombé viendra voir et écouter; bon! il en parlera à ses congénères. Si on te raconte qu'il existe telle danse dans tel pays, tu ne pourras donc pas prétendre savoir évoluer sur le rythme !
S'il s'agit du "zéngi", parce que c'est la même chose de part et d'autre, on dansera de la même façon chez les Bangombé que chez les Centrafricains. As-tu compris ?

La seule danse de chez nous semblable à la leur est le zéngi. C'est ça la question (C'est la réponse à la question posée).

Les occasions de réjouissances rapprochent les gens, les liens se tissent et nourrissent les alliances matrimoniales. Les Pygmées pratiquent la monogamie. Le mariage se fait habituellement par l'échange de femmes entre deux groupes et il n'y a pas de versement de dot. Les Bayaka Babenzélé ont des rapports privilégiés avec leurs voisins camerounais appelés Bangombé; ils sont apparentés. Ainsi, les unions sont assez fréquentes entre les deux communautés. Elles pratiquent les mêmes rites, surtout ceux qui sont liés au *zéngi*, à la chasse, à la récolte du miel - *Zéngi* est l'esprit de la forêt - *ézéngi* : la cérémonie ou le déroulement de la cérémonie liée à l'esprit de la forêt. Jacqueline M.C. Thomas et Serge Bahuchet dans leur *Encyclopédie des Pygmées Aka*, fascicule I (p.23), précisent : « *Les Aka s'identifient comme différents d'autres Pygmées dit Babenzélé. Mais en fait, ces derniers sont simplement les voisins Pygmées aka occidentaux dont chaque groupe a connaissance. Le terme Babenzélé est toujours utilisé par un groupe aka pour en désigner un autre situé plus loin vers l'Ouest. Cependant, les Pygmées vivant dans les vallées de la Badingué et de la Sangha, tout en se désignant Aka, acceptent ce nom de Babenzélé pour se désigner eux-mêmes.* »

La Revue de Survival International, *Ethnie* (N°6, 1987, p. 30) rappelle une disposition légale contenue dans le préambule de la constitution de la République Centrafricaine qui vise tous les habitants : « *Il n'y a en Centrafrique ni sujet ni privilège de lieu de naissance, de personne ou de famille* ». Un décret de 1966 précise d'ailleurs qu'est interdite « *toute mention dans les actes officiels ou sous seing privé, imprimés, formulaires administratifs ou privés, de race, de tribu ou d'ethnie ».*

Les Bayaka sont citoyens et ambassadeurs de la République Centrafricaine à l'étranger et ils tiennent à le faire savoir :

a) - Mathurin Bokombé :
Ë gä na Parïi tî sâla dôdô tî ë, âsitoayëen tî Bayanga. Ë yeke lâkûê tî sâra kua tî ë parsekê ë yeke "Centrafricain". Ë löndö ayo; ë gä tî sâra ngîâ tî ë na bê ôko. Ë gä na na Parïi tî sâra kötä ngîâ na bê tî âmbunzû! âzo tûu tûu agonda ë âsitoayëen tî "Centrafrique". "On est toujours en Centrafrique". Tënë tî kua : âzo tî güëngö na ngonda ayeke da. Mo mä tënë nî? Azo tî güëngö na ngonda ayeke da. Azo sô amanda likôlo ayeke da. Azo sô asâla kua na ködörö ayeke da. Kôme na ë ge na "Centrafrique", âzo sô ague na likôlo ayeke da, âzo sô ayeke fâa yäkä ayeke da, âzo sô ayeke gue na ngônda ayeke da, âzo sô ayeke sâla nzönî da ayeke da. Bon! mbïi yeke mä yângâ tî mo.

Nous sommes à Paris pour faire la danse de chez nous, citoyens de Bayanga (une ville de la région de la Sangha).
Nous sommes toujours à pied d'œuvre parce que nous sommes centrafricains (jouant nos rôles). Nous sommes partis de loin, nous venons nous amuser ensemble.
Nous sommes à Paris pour une grande manifestation pour réjouir le cœur des Blancs. Tout le monde nous félicite, nous, citoyens de Centrafrique. On est toujours en Centrafrique.
A propos du travail : il y a des gens qui vont à la chasse. Il y a ceux qui apprennent à l'école. Il y a ceux

qui travaillent en ville. Chez nous en Centrafrique, on a des gens qui vont à l'école, des gens qui cultivent, des gens qui vont à la chasse, des gens qui construisent de belles maisons. Bien! J'écoute ce que tu as me dire.

b) - Balonyona :
E yeke "Centrafricain". E â "Centrafricain" laâ ë gä ge sô. Ayeke ködörö tî âmunzû laâ
Bon! Mo laâ mo mû ë na Yâdûmbë; ayeke nzönî mîngi. E yamba mo mîngi; ayeke nzönî mîngi. Sô ayeke ködörö tî ë, ngbanga tîtene ë mû kamënë na lê tî mo äpe.

Nous sommes Centrafricains. Nous sommes venus ici en tant que Centrafricains. Ici, c'est le pays des Blancs.
Il va de l'honneur de notre pays. Il ne faut pas te décevoir (s'adressant au Chargé de mission M. Djamani venu les accompagner).
C'est toi qui nous as emmenés de Yadoumbé; c'est très bien. Nous t'honorons beaucoup; c'est très bien. Il va de l'honneur de notre pays. Il ne faut pas te décevoir.

VI.03D.2. De l'éducation et de la relation avec l'esprit des aïeux

Mathurin Bokombé s'attache à souligner les différentes formes d'apprentissage, et d'éducation spirituelle.
Les Pygmées Aka d'où est issu le groupe Bayaka ou Babenzélé ont la notion du Dieu Suprême et unique appelé Nzambi. Ils sont respectueux des mânes et des ancêtres qu'ils sollicitent pour leur bienveillance et leurs faveurs pour la réussite de toutes les activités qu'ils mènent.

a) - Dôdô tî ë sô âkötarä tî ë adö, nî laâ. Mo sô babâ tî mo afa na mo kodë tî kua sô, forosemäa mo môlengê nî mo dutï "content". Töngana mo dü môlengê tî mo amû gï pekô tî yê sô mo yeke sâra. Töngana mo sâra kîrîkiri na babâ tî mo, babâ tî mo ayeke fa na mo "conseil".

Notre danse vient d'une pratique lointaine de nos ancêtres. Partant de ce fait, si ton père t'apprend cette forme d'activité, il va de soi qu'enfant, tu en seras "content" (ravi). Si toi, tu mettais au monde un enfant, il suivrait tes pas. Si tu agis mal, n'importe comment avec ton père, il te donnera des "conseils".

b) - Les AKA font montre de sagesse et de connaissances profondes à travers toute activité comme la danse, les chants, les contes, les récoltes, la pêche, la chasse. Bokombé nous confie par exemple :
Mbênî dôdô ayeke, atene, yê sô, eh... *soo*. *Soo* sô ayeke dôdô tî âkôlï. Wâlï asï da äpe. Akôlï adö ngbii, na miliëe tî bï. Mo bübä zo mo sï da äpe! Ayeke dôdô tî âkötarä sô adö giriri ; ayeke tî fadësô äpe. Nî laâ ë yeke manda nî na pekô tî âla yeke yeke tîtene ë gue sï na ndâ tî sô âla sâla lâ nî na dôdô nî. Mo mä tënë nî awe ?

Il existe une danse appelée, euh…"soo". Soo est une danse réservée aux hommes. Les femmes ne prennent pas part. Les hommes danseront jusqu'à minuit. Un simple d'esprit n'y met pas les pieds. C'est la danse que pratiquaient jadis nos aïeux; elle n'est donc pas récente. C'est ce que nous essayons d'apprendre en suivant tranquillement leurs pas qui doivent nous mener finalement à la connaissance pratique qu'ils avaient de cela. .As-tu compris ?

c) - Une pensée en direction de Paris :
Böon! epî ke, âzo sô angbâ na pekô tî ë sô kâ sô, bê tî âla kûê gï ge. Ala yeke sâla mbênî yêtî terê tî âla kâ na mbâgë tî ë ge : wala yorö, wala nye? E hînga äpe. Ngbanga tî sô atene ke, âmôlengê tî ködörö tî ë nî ague ayo, me forosemäa ë tûku ngû tî yângâ tî ë na pekô tî âla tîtene agä asï na ë ge. Töngasô ë bâa pekô tî âla sô atene bê tî ë ade awe. Tënë nî laâ mbï fa na mo awe sô.

Bon! Il se trouve que les gens qui sont restés chez nous au pays, ont tous leurs pensées tournées vers nous. Ils sont en train de réaliser certaines choses dont ils ont le secret avec effets dirigés sur nous ici : soit une force vitale ;soit quelque chose que l'on ignore ? En tout cas, nous n'en savons rien. Ils se disent : « Puisque les enfants de notre pays sont partis si loin, c'est obligé que nous proférions de bonnes paroles à leur endroit et qu'elles leur parviennent. Si maintenant, disent-ils encore, nous les revoyons, nous en serons rassurés.» Voilà le fond de ma pensée ainsi livré.

d) - Pour Mathurin Bokombé et ses compagnons, c'est une mission accomplie. Il faut aussi penser aux anciens et aux gens qui demeurent au village:

Böon! epî kûngbâ sô ë yeke wara ge sô, ë gue mû na âla. Böon! Kêtê kûngbâ sô, töngana gbïä tî ködörö tî Parïi, töngana apeyêe ë awe, bon! Kïrïngö tî ë nî, ë gue ë mû na âla kêtê yê sô ë wara ge; boon, epî âla yeke wara kêtê kadöo tî mabôko tî âla. Böon, kôme tî sô âla tokua kêtê yângâ tî âla na ë ge : âla tûku ngû tî yângâ tî âla na pekô tî ë ge mîngi, mîngi. Ala *gonda ë ge torôo*[52] alêngbi äpe. Gï nî laâ awe. Böon, "à présent", kïrïngö tî ë nî, ë gä sâra *köta fëti*[52] na yângâ tî da tî misie lemêre - Bokombé interrompu

par Bolonyoma reprend, précise le nom du maire de Bayanga, puis enchaîne :
Irï tî lo ayeke Mambânza. Irï tî lo awe. Pasekê na gängö sô ë gä ge sô, lo mû na ë atasîon atene : « âla sô ayeke gue sô âla gue asâla nzönî dôdô. Tïtene mbï mä atene ködörö tî mbï abuba, "donc" âla yeke na tënë ». E tene "non", ë yeke na mbênî tënë äpe me, ë gue tî bâa na lê tî ë. Töngana a gue tî buba ë kâ o! ë gue tî bâa nî me, ë gue tî sâla *ngîâ* [52].

Bon! Les effets que nous aurons reçus ici, nous irons les leur donner; les diverses autres choses que les responsables de Paris vont donner, une fois que nous auront été payés, en revenant chez nous, nous irons les leur donner. De cette manière, chacun d'eux en conservera un petit souvenir. Raison de plus, ils nous ont confié la mission de les représenter à l'étranger et ils veillent sur nous en évoquant l'esprit de nos aïeux pour qu'ils nous fortifient. Dans tous les cas, ils sont fiers de nous, et nous espérons nous en acquitter honorablement. Notre présence ici est l'objet d'une "très grande admiration"[52] et d'une fierté sans pareil. Voilà tout ce que j'ai à dire. Bon! A présent, c'est note retour, nous irons faire une "grande fête"[52] au domicile de Monsieur le Maire - [Balonyona tenant à donner une précision, interrompt un court instant] -: « Nous remarquons aussi, nous avons notre maire, son nom est Ndinga. » (Maire de Yandoumbé, une commune proche de Bayanga)
Bokombé interrompu par Bolonyoma reprend, précise le nom du maire de Bayanga, puis enchaîne : Son nom est tout simplement Mambanza. C'est cela son nom. Quand nous venions, il nous avait mis en garde en ces termes : « Vous qui partez, tâchez de présenter les meilleures danses. Si jamais, je devais apprendre que

mon pays n'a pas été dignement représenté, vous aurez "donc" (par conséquent) affaire à moi.» Nous avons dit "non" : « bien au contraire, nous n'avons rien à dire, mais nous y allons pour voir de visu; si on devait abuser de nous là-bas, nous verrons bien mais, nous y allons pour nous "amuser"[52]. »

Les Pygmées ont découvert Paris. Habillés de survêtement et chaussant des baskets, presque dans l'anonymat et l'indifférence, ils ont côtoyé des touristes et des promeneurs, visité Montmartre, le Sacré-Cœur, le Parc de la Villette. Nous avons eu l'occasion de les accompagner et de discuter avec eux. Ils se sont sentis happés par une machine qui tourne à vive allure : c'est l'empressement dans les rues ou dans l'hypermarché qu'ils ont visité, le flot intarissable des voitures. Ils en viennent à se poser la question relative au sens de ce flux humain, d'hommes blancs répandu partout ?
C'est un monde infernal. Pour les Pygmées, les gens doivent avoir un grand besoin de manger, de vivre, alors ils sont poussés à travailler tout le temps et à rechercher les moyens. Ils regrettent déjà la vie paisible de la forêt. Et s'ils restaient encore ici, ils se seraient tous perdus. A ce sujet, Balonyona confie :
Bâa sô veremäan, ngbanga tî Licki äpe, ka âzo mîngi, ê kûê, agirirsa na yâ tî… ë kûê osîi, Farânzi ge.

> Savez-vous vraiment, que si Licki n'était pas là, nous tous, sans exception, on se serait égaré ici en France. En tout cas, il faut remercier Licki; sans lui, les gens se seraient beaucoup égarés ici en France.

Les AKA sont expansifs, blagueurs et de fins observateurs mais ils n'aiment pas se livrer à des personnes étrangères à leur milieu, des gens qu'ils ne connaissent pas. Ils deviennent taciturnes très vite. Les propos suivants sont significatifs : "*Il y a peut être des gens venus nous écouter. Ici (en France), c'est le pays des blancs avec leur mode de vie. Ils sont dangereux*". De ce point de vue, l'un des Aka devait répondre à un reporter que leur ultime désir était de regagner leur forêt où ils sont nés, où reposent leurs ancêtres et où se trouve tout le secret de la vie. Arrivés le jeudi 5 juin 1991, les AKA ont passé dix jours à Paris, puis s'en allèrent à Yadoumbé et à Bayanga (le dimanche 16 juin 1991). Mais il faut maintenant mesurer les effets de cette sortie en pays européen situé à plus de six mille kilomètres de la République Centrafricaine[53].

VI.04. Les récentes découvertes faites au Maroc : nouvelles données relatives à l'Homo sapiens

Loin d'être des créatures imaginaires, des animaux ou des chaînons manquants entre l'homme et la bête, les Pygmées et les populations mélanodermes d'Afrique descendent tous d'un même ancêtre dont le prototype serait représenté par l'homme moderne, le spécimen Homo sapiens dit d'OMO I. Ce dernier remonterait à plus de 130000 ans d'après les datations absolues effectuées selon la méthode d'analyse du taux de thorium et d'uranium des coquillages trouvés sur les os.
Depuis 2005, les chercheurs Ian MacDougall (Australian National University, Camberra, Australie), Francis Brown (Université de l'Utah, Etats-Unis), John Fleagle (Stony Brook Université, New York, Etats-Unis), s'appuyant sur la méthode isotopique à l'argon, ont relevé précisément cette dernière datation à 200000 ans (±5000 ans) [cf. *Nature* N° 433, 17 février 2005]. Cette découverte faite à Kibish en Ethiopie par l'équipe de Richard Leakey en 1967, baptisée OMO, porte en effet le nom de la rivière Omo au sud de laquelle se trouve le site. [Cf. *Discrimination des Pygmées. Réfutation des maîtres de la forêt*, 2014, p. 17]
Aujourd'hui encore, le seuil de 200000 ans est franchi. Les dernières découvertes de Jebel au Maroc viennent en 2017 faire rajeunir de 100000 ans l'Homo sapiens de Kibish.

L'équipe internationale conduite par le chercheur français Jean-Jacques Hublin, paléoanthropologue de l'Institut Max-Planck d'anthropologie évolutionnaire de Leipzig (Allemagne) et du Collège de France, en collaboration avec Abdelouahed Ben-Ncer de l'Institut national d'archéologie et du patrimoine de Rabat, vient d'analyser cinq squelettes – trois adultes, un adolescent et un enfant – comme appartenant à l'espèce de l'homme moderne, Homo sapiens.

Situés à Jebel Irhoud, au sud-ouest de Casablanca, 100 km à l'ouest de Marrakech, et à 50 km de la ville de Safi, dans une mine de barytine (sulfate de baryum), ces restes sont associés à des outils de pierre et des restes de faunes ; il s'agit des silex taillés correspondant à la technique Levallois (paléolithique moyen), et des ossements d'animaux comme de gazelles.

Jean-Jacques Hublin, directeur du département d'Evolution humaine à l'Institut Max Planck de Leipzig (Allemagne), et son équipe annoncent dans une Conférence et Dossier de presse, mercredi 07 juin 2017, avoir mis au jour au Maroc des restes d'Homo sapiens datant de 300000 ans, un âge de 100000 ans supérieur à celui des plus anciens Homo sapiens (Omo I daté de 200000 ans). La célèbre revue *Nature* en rendit compte dans deux articles, jeudi 8 juin 2017.

La datation précise de 315000 ans (±34000 ans) concernant les fossiles de Jebel Irhoud est obtenue grâce à l'application de deux méthodes, la thermoluminescence et de l'ESR (résonance de spin électronique). Cette opération a été conduite par le géologue Daniel Richter, géochronologiste de l'équipe de l'Institut Max-Planck d'anthropologie évolutionnaire de Leipzig. Jean-Jacques Hublin, chef de mission et directeur de l'Institut souligne : *« Nous avons pu analyser de nombreux silex brûlés par la méthode de thermoluminescence, et avons obtenu, avec une grande surprise, des dates d'environ 300000 ans, repoussant les origines de notre espèce de 100000 ans ».*

L'analyse des données morphologiques de la face montre que les individus de Jebel Irhoud ne sont ni des Néandertaliens, ni des Homo erectus. Ils se situent en plein milieu de la variabilité des hommes modernes. Il s'agit bien des fossiles représentatifs des Homo sapiens primitifs sur le continent africain.

Le paléoanthropologue Jean-Jacques Hublin précise dans sa présentation : « *Les hommes de Jebel Irhoud possèdent à la fois une face et une denture modernes, et une boîte crânienne de grande taille avec une forme oblongue, des caractères archaïques* ».

La découverte, en 1932, d'un crâne fragmentaire à Florisbad, en Afrique du Sud, daté il y a vingt ans à 260 000 ans, prend ainsi un nouveau relief. James Brink, responsable du site de Florisbad, n'est pas surpris de la découverte marocaine : *« On trouve aussi des pierres taillées de type Levallois datant de près de 500 000 ans à Kathu Pan, en Afrique du Sud, et au Kenya. Je pense qu'on peut associer ces outils aux premiers* Homo sapiens, *donc il est probable que les premiers représentants de notre espèce avaient une distribution panafricaine, et que celle-ci est intervenue il y a moins de 500000 ans. »*

Dans un article de commentaire publié dans *Nature*, Chris Stringer et Julia Galway-Witham, du Muséum national d'histoire naturelle de Londres, sont eux d'accord avec l'équipe de Jean-Jacques Hublin : *« Ces spécimens constituent probablement des représentants précoces de la lignée* Homo sapiens *»*, écrivent-ils. Mais ils se demandent si l'aspect moderne de leur visage, partagé avec le fossile de Florisbad, ne pourrait pas être hérité d'un ancêtre « non sapiens » de notre arbre de famille – plutôt que dû à une parentèle traversant l'Afrique entière.

Tout le monde n'est cependant pas convaincu, comme Jean-Jacques Jaeger, professeur émérite à l'université de Poitiers, qui a travaillé sur des fossiles animaux du Djebel Irhoud pour sa thèse, soutenue en 1975.

Jean-Jacques Hublin, dans sa Conférence et dossier de presse du 07 juin 2017 avec le géologue Daniel Richter, le paléoanthropologue Abdelouahed Ben-Ncer, souligne pour sa part, "*le berceau des origines de l'homme est toujours en Afrique, mais c'est tout le continent africain*".

« *C'est une très belle découverte, qui semble confirmer un foyer africain pour l'origine humaine,* commente Yves Coppens. *Cela invite à repenser de nombreuses fouilles sous un nouveau jour.* »

***

Deux méthodes de datation ont été utilisées : la méthode de datation par "thermoluminescence" et par « résonnance électronique de spin » :

Ce nouveau chantier à Jebel Irhoud a permis de découvrir de nouveaux matériels archéologiques, mais également de préciser une nouvelle chronologie des couches sédimentaires du gisement. Elément important pour l'étude, les hominidés de Jebel Irhoud maîtrisaient le feu et ont brûlé un grand nombre d'éclats de silex. C'est une opportunité importante car les chercheurs ont pu utiliser, sur ces morceaux de silex une méthode de datation dite par thermoluminescence. Jean-Jacques Hublin indique « on a pu établir une datation, pour les niveaux d'où proviennent les restes humains, autour de 315000 ans (± 34000 ans) ». Par ailleurs, cette datation a été confirmée avec l'utilisation d'une deuxième méthode dite par « résonnance électronique de spin ».

Pour l'équipe de chercheurs, cette ancienneté fait de Jebel Irhoud le plus vieux site avec restes humains du Middle Stone Age en Afrique.

[Cf. http://www.hominides.com/html/actualites/homo-sapiens-300000-ans-maroc-1149.php]

***

Autres sources à propos de la découverte :

Jean-Jacques Hublin, Conférence de presse au Collège de France : « *Les enfants de Jebel Irhoud* », 6 juin 2017.

Jean-Jacques Hublin, Communiqué de presse : « *Les enfants de Jebel Irhoud* », Collège de France, 6 juin 2017.

Le Monde (lemonde.fr), « La découverte qui bouleverse l'histoire d'"Homo sapiens" », par Hervé Morin, 07 juin 2017.

Nature, « *The age of the hominin fossils from Jebel Irhoud, Morocco, and the origins of the Middle Stone Age* », 546, 293-296 (08 June 2017) | doi : 10.1038/nature22335. Published online 07 June 2017.

Nature, « *News fossils from Jebel Irhoud, Morocco and the oan-African origin of Homo sapiens* », 546, 289-292 (08 June 2017) | doi : 10.1038/nature22336. Published online 07 June 2017.

VI.05. « Auguste Mariette découvre le Sérapeum de Memphis »(*)

1er novembre 1851

Dans l'histoire de l'archéologie, 1851 marque une date significative : c'est alors qu'Auguste Mariette, par ses fouilles au *Sérapeum* de Saqqarah, inaugura des recherches allant, sur le terrain, quérir les matériaux mêmes de l'histoire.

Né à Boulogne-sur-Mer en février 1821, dans un milieu démuni, maître d'étude puis régent au collège de cette cité, il se prend de passion, au musée local, pour "une momie égyptienne renfermée dans un double sarcophage orné de peintures hiéroglyphiques" ; puis il est amené à classer les papiers d'un de ses parents Nestor Lhote, qui, dessinateur, avait accompagné Jean-François Champollion dans son voyage d'exploration au long du Nil en 1828-1829 ; les ouvrages de l'illustre déchiffreur des hiéroglyphes devinrent ses livres de chevet. En 1848, il obtient du collège de Boulogne un congé et réussit à se faire embaucher au musée du Louvre pour cinq mois (du 1er mai au 1er octobre) sur le chapitre du budget "frais de collage" ; aucun membre de la conservation du musée ne désirant se rendre en Égypte pour acheter des manuscrits coptes alors en vente, Mariette a la chance d'être désigné pour cette mission. Au Caire, n'ayant pas réussi à prendre avec les moines les contacts qu'il souhaitait, il décide de se rendre dans "le désert d'Abousir" - c'est le nom qu'on donnait alors, à juste titre d'ailleurs, au plateau connu aujourd'hui sous le nom de Saqqarah, village en fait assez éloigné du *Sérapeum*.

Les étapes de la découverte de la sépulture des taureaux sacrés, incarnations du dieu Apis, sont entrées dans la légende de l'archéologie : les démêlés de Mariette avec ses rivaux, les consuls pilleurs d'antiquités et les trafiquants, les autorités villageoises, les officiers que lui dépêchait le vice-roi - et chaque jour, parfois même de nuit, un travail intense, épuisant. Au bout de l'allée des sphinx, les recherches marquent un temps d'hésitation. Et soudain, le 1er novembre 1851, Mariette pénètre dans le Sérapeum ; le dégagement se poursuivra jusqu'en 1854. Certes les meilleures conditions d'une enquête scientifique ne furent pas toujours assurées ; on employa la poudre pour se frayer un chemin ; on ne nota guère l'origine précise des stèles et des objets ; ce fut la découverte d'une caverne aux trésors plus que la recherche méthodique de témoignages historiques. Cependant la campagne du *Sérapeum* présente déjà les aspects de ce que sera une grande fouille moderne: la mission de Mariette travaille officiellement, en rapports constants avec les autorités locales - même s'il y eut plus d'un conflit -, en relations suivies aussi avec les ministères français, la direction du musée du Louvre, l'Académie des inscriptions et belles-lettres. Ce fut aussi la fouille d'un ensemble cohérent, d'intérêt éminemment scientifique ; les objets recueillis ne furent pas vendus, ni dispersés, mais transportés systématiquement vers le palais du Vice-roi et le musée du Louvre.

Après quelques années d'"exil" à Paris, Mariette devait bientôt revenir dans la patrie de son cœur : l'Égypte. En juillet 1858, il fut nommé "maamour" (c'est-à-dire directeur) des travaux d'antiquité en Égypte, poste qu'il occupa jusqu'à sa mort le 18 janvier 1881. Géant rude mais généreux, force de la nature aux yeux rongés de soleil, miné prématurément par le diabète, il a accompli une œuvre immense, déblayant inlassablement temples et nécropoles, veillant avec un soin jaloux sur le patrimoine archéologique. Son monument funéraire continue à se dresser devant le musée du Caire : "À Mariette Pacha, l'Égypte reconnaissante" lit-on sur le socle de sa statue. En fait, son action a été décisive. À l'exemple de l'Égypte, les recherches se sont multipliées à travers le Moyen-Orient d'abord, les pays de la Bible, la Mésopotamie, puis l'ensemble du monde où chacun, désormais, ne peut manquer de s'interroger sur ses racines afin, dans l'incertitude du moment, de tenter d'entrevoir les perspectives d'avenir. Pour s'en tenir à un plan concret, c'est sur le modèle égyptien, que, peu à peu, toutes les nations ont tenu à mettre en place des organismes chargés de l'étude et de la présentation de leurs antiquités. Modeste autodidacte de Boulogne-sur-Mer, devenu par les circonstances maître d'une science incomparable, Auguste Mariette se dresse au premier plan parmi les gloires du Panthéon culturel.

Jean Leclant, Secrétaire perpétuel de l'Académie des inscriptions et belles lettres,
Président du Haut Comité des célébrations nationales.

_____

* Cf. *Célébrations nationales 2000, Première liste d'anniversaires pour l'année 2001* - culture.gouv.fr

***

Ce jour où Auguste Mariette fait la découverte de la statue de Bès, lors des fouilles effectuées à Saqqara à la recherche du Sérapeum (1er novembre 1851):

Un jour… ce passage de Strabon lui revint à la mémoire: *« On trouve… [à Memphis], dit ce géographe, un temple de Sérapis dans un endroit tellement sablonneux que les vents y amoncellent des amas de sable sous lesquels nous*

vîmes des sphinx enterrés, les uns à moitié, les autres jusqu'à la tête, d'où l'on peut conjecturer que la route vers ce temple ne serait pas sans danger, si l'on était surpris par un coup de vent. Ne semble-t-il pas que Strabon ait écrit cette phrase pour nous aider à retrouver, plus de dix-huit siècles après lui, le temple fameux consacré à Sérapis? Le doute, en effet, n'était pas possible. Ce sphinx ensablé, compagnon de quinze autres que j'avais rencontrés à Alexandrie et au Caire, formait de toute évidence avec eux une partie de l'avenue qui conduisait au Sérapéum de Memphis ... ». […]
Mais il ne se laissa pas longtemps rebuter et reprit courageusement son déblaiement d'abord vers l'Est en s'attaquant a la butte qui s'élevait de ce côté de l'hémicycle. Deux sphinx plus grands que ceux de l'allée et gravés au nom de Nectanébo II surgirent presque aussitôt. Ils précédaient l'accès à une cour d'une trentaine de mètres de largeur, au fond de laquelle étaient disposées des marches d escalier; au centre de la cour gisait au bas de son socle, d'où elle avait été anciennement culbutée, une statue en calcaire du dieu Bès que Mariette fit immédiatement remettre en place : « *Le dieu est debout, écrit-il, ses grosses mains appuyées sur les hanches, la barbe frisée, la bouche démesurément ouverte. Il a pour ceinture un serpent. Il est trapu et grotesque... C'est l'heure du repas de midi, et le soleil tombe d'aplomb sur la statue dont il fait saillir puissamment les reliefs. Il est venu des femmes d'Abousyr et de Sakkarah se joindre à nos ouvriers. Une sorte de procession se forme. Evidemment, on prend Bêsou pour le diable. Le défilé commence, chacun agit alors selon son tempérament. Les femmes se posent devant la statue et l'injurient avec des gestes de forcenées : en général les hommes crachent dessus. J'ai parmi mes ouvriers deux ou trois nègres. Ils*

regardent en face l'impassible divinité et subitement se sauvent en riant aux éclats... »

Source :

« Mariette à Saqqarah du Sérapeum à la Direction des Antiquité ». Par Jean-Philippe LAUER, in *Mélanges Mariette*, Institut Français d'Archéologie orientale, préface de Jean Sainte Fare Garnot ; document faisant suite à la publication :
"UNE LETTRE INÉDITE DE MARIETTE (BROUILLON – COLLECTION PRIVÉE. 8 avril 1880)".
JP. Lauer précise ici les circonstances de la découverte de l'ensemble funéraire des Apis et leur incidence capitale sur l'essor de la science égyptologique, 1961, (pp. 5, 7, 8).

VI.06. Convention sur la diversité biologique conclue à Rio de Janeiro le 5 juin 1992 (avec annexes)

Convention sur la diversité biologique

Préambule

Les Parties contractantes,

Conscientes de la valeur intrinsèque de la diversité biologique et de la valeur de la diversité et de ses éléments constitutifs sur les plans: environnemental, génétique, social, économique, scientifique, éducatif, culturel, récréatif et esthétique,

Conscientes également de l'importance de la diversité biologique pour l'évolution et pour la préservation des systèmes qui entretiennent la biosphère,

Affirmant que la conservation de la diversité biologique est une préoccupation commune à l'humanité,

Réaffirmant que les Etats ont des droits souverains sur leurs ressources biologiques,

Réaffirmant également que les Etats sont responsables de la conservation de leur diversité biologique et de l'utilisation durable de leurs ressources biologiques,

Préoccupées par le fait que la diversité biologique s'appauvrit considérablement par suite de certaines des activités de l'homme,

Conscientes du fait que les renseignements et les connaissances sur la diversité biologique font généralement défaut et qu'il est nécessaire de développer d'urgence les moyens scientifiques, techniques et institutionnels propres à assurer le savoir fondamental nécessaire à la conception des mesures appropriées et à leur mise en œuvre,

Notant qu'il importe au plus haut point d'anticiper et de prévenir les causes de la réduction ou de la perte sensible de la diversité biologique à la source et de s'y attaquer,

Notant également que lorsqu'il existe une menace de réduction sensible ou de perte de la diversité biologique, l'absence de certitudes scientifiques totales ne doit pas être invoquée comme raison pour différer les mesures qui permettraient d'en éviter le danger ou d'en atténuer les effets,

Notant en outre que la conservation de la diversité biologique exige essentiellement la conservation *in situ* des écosystèmes et des habitats naturels ainsi que le maintien et la reconstitution de populations viables d'espèces dans leur milieu naturel,

Notant en outre que des mesures *ex situ*, de préférence dans le pays d'origine, revêtent également une grande importance,

Reconnaissant qu'un grand nombre de communautés locales et de populations autochtones dépendent étroitement et traditionnellement des ressources biologiques sur lesquelles sont fondées leurs traditions et qu'il est souhaitable d'assurer le partage équitable des avantages découlant de l'utilisation des connaissances, innovations et pratiques traditionnelles intéressant la conservation de la diversité biologique et l'utilisation durable de ses éléments,
Reconnaissant également le rôle capital que jouent les femmes dans la conservation et l'utilisation durable de la

diversité biologique et affirmant la nécessité d'assurer leur pleine participation à tous les niveaux aux décisions politiques concernant la conservation de la diversité biologique et à leur application,

Soulignant qu'il importe et qu'il est nécessaire de favoriser la coopération internationale, régionale et mondiale entre les Etats et les organisations intergouvernementales et le secteur non gouvernemental aux fins de conservation de la diversité biologique et de l'utilisation durable de ses éléments,

Reconnaissant que le fait d'assurer des ressources financières nouvelles et additionnelles ainsi qu'un accès satisfaisant aux techniques pertinentes devrait influer sensiblement sur la mesure dans laquelle le monde sera à même de s'attaquer à l'appauvrissement de la diversité biologique,

Reconnaissant en outre que des moyens spéciaux sont nécessaires pour satisfaire les besoins des pays en développement, notamment la fourniture de ressources financières nouvelles et additionnelles ainsi qu'un accès approprié aux techniques pertinentes,

Notant à cet égard les conditions particulières des pays les moins avancés et des petits Etats insulaires,

Reconnaissant que des investissements importants sont nécessaires pour assurer la conservation de la diversité biologique, dont on peut escompter de nombreux avantages sur les plans environnemental, économique et social,

Reconnaissant que le développement économique et social et l'éradication de la pauvreté sont les premières priorités des pays en développement qui prennent le pas sur toutes les autres,

Conscientes du fait que la conservation et l'utilisation durable de la diversité biologique revêtent la plus haute importance pour la satisfaction des besoins alimentaires, sanitaires et autres de la population de la planète, qui ne cesse de croître, et que l'accès aux ressources génétiques et à la technologie ainsi que leur partage sont de ce fait indispensables,

Notant qu'à terme la conservation et l'utilisation durable de la diversité biologique renforceront les relations amicales entre Etats et contribueront à la paix de l'Humanité,

Désireuses d'améliorer et de compléter les arrangements internationaux existant en matière de conservation de la diversité biologique et d'utilisation durable de ses éléments,

Déterminées à conserver et à utiliser durablement la diversité biologique au profit des générations présentes et futures,

Sont convenues de ce qui suit:

Article premier. *Objectifs*
Les objectifs de la présente Convention, dont la réalisation sera conforme à ses dispositions pertinentes, sont la conservation de la diversité biologique, l'utilisation durable de ses éléments et le partage juste et équitable des avantages découlant de l'exploitation des ressources génétiques, notamment grâce à un accès satisfaisant aux ressources génétiques et à un transfert approprié des techniques pertinentes, compte tenu de tous les droits sur ces ressources et aux techniques, et grâce à un financement adéquat.

Article 2. *Emploi des termes*
Aux fins de la présente Convention, on entend par :

Biotechnologie : toute application technologique qui utilise des systèmes biologiques, des organismes vivants, ou des dérivés de ceux-ci, pour réaliser ou modifier des produits au des procédés à usage spécifique.

Conditions *in situ* : conditions caractérisées par l'existence de ressources génétiques au sein d'écosystèmes et d'habitats naturels et, dans le cas des espèces domestiquées et cultivées, dans le milieu où se sont développés leurs caractères distinctifs.

Conservation *ex situ* : la conservation d'éléments constitutifs de la diversité biologique en dehors de leur milieu naturel.

Conservation *in situ* : *la* conservation des écosystèmes et des habitats naturels et le maintien et la reconstitution de populations viables d'espèces dans leur milieu naturel et, dans le cas des espèces domestiquées et cultivées, dans le milieu où se sont développés leurs caractères distinctifs.

Diversité biologique : Variabilité des organismes vivants de toute origine y compris, entre autres, les écosystèmes terrestres, marins et autres écosystèmes aquatiques et les complexes écologiques dont ils font partie; cela comprend la diversité au sein des espèces et entre espèces ainsi que celle des écosystèmes.

Ecosystème : le complexe dynamique formé de communautés de plantes, d'animaux et de micro-organismes et de leur environnement non vivant qui, par leur interaction, forment une unité fonctionnelle.

Espèce domestiquée ou cultivée : toute espèce dont le processus d'évolution a été influencé par l'homme pour répondre à ses besoins.

Habitat : le lieu ou type de site dans lequel un organisme ou une population existe à l'état naturel.

Matériel génétique : le matériel d'origine végétale, animale, microbienne ou autre, contenant des unités fonctionnelles de l'hérédité.

Organisation régionale d'intégration économique : toute organisation constituée par des Etats souverains d'une région donnée, à laquelle ces Etats membres ont transféré des compétences en ce qui concerne les questions régies par la présente Convention et qui a été dûment mandatée, conformément à ses procédures internes, pour signer, ratifier, accepter, approuver ladite Convention ou y adhérer.

Pays d'origine des ressources génétiques : pays qui possède ces ressources génétiques dans des conditions *in situ*.

Pays fournisseur de ressources génétiques : tout pays qui fournit des ressources génétiques récoltées auprès de sources *in situ*, y compris les populations d'espèces sauvages au domestiquées, ou prélevées auprès de sources *ex situ*, qu'elles soient ou non originaires de ce pays.

Ressources biologiques : les ressources génétiques, les organismes ou éléments de ceux-ci, les populations, au tout autre élément biotique des écosystèmes ayant une utilisation ou une valeur effective ou potentielle pour l'humanité.

Ressources génétiques : le matériel génétique ayant une valeur effective ou potentielle.

Technologie : toute technologie y compris la biotechnologie.

Utilisation durable : l'utilisation des éléments constitutifs de la diversité biologique d'une manière et à un rythme qui n'entraînent pas leur appauvrissement à long terme, et sauvegardent ainsi leur potentiel pour satisfaire les besoins et les aspirations des générations présentes et futures.

Zone protégée : toute zone géographiquement délimitée qui est désignée, ou réglementée, et gérée en vue d'atteindre des objectifs spécifiques de conservation.

Article 3. *Principe*
Conformément à la Charte des Nations Unies et aux principes du droit international, les Etats ont le droit souverain d'exploiter leurs propres ressources selon leur politique d'environnement et ils ont le devoir de faire en sorte que les activités exercées dans les limites de leur juridiction ou sous le contrôle ne causent pas de dommage à l'environnement dans d'autres Etats ou dans des régions ne relevant d'aucune juridiction nationale.

Article 4. *Champ d'application*
Sous réserve des droits des autres Etats et sauf disposition contraire expresse de la présente convention, les dispositions de la Convention s'appliquent à chacune des Parties contractantes :
-- Lorsqu'il s'agit des éléments de la diversité biologique de zones situées dans les limites de sa juridiction nationale;
-- Lorsqu'il s'agit des processus et activités qui sont réalisés sous sa juridiction ou son contrôle, que ce soit à l'intérieur de la zone relevant de sa juridiction nationale ou en dehors des limites de sa juridiction nationale, indépendamment de l'endroit où ces processus et activités produisent leurs effets.

Article 5. *Coopération*
Chaque Partie contractante, dans la mesure du possible et selon qu'il conviendra, coopère avec d'autres Parties contractantes, directement, ou le cas échéant, par l'intermédiaire d'organisations internationales compétentes, dans des domaines ne relevant pas de la juridiction nationale

et dans d'autres domaines d'intérêt mutuel, pour la conservation et l'utilisation durable de la diversité biologique.

Article 6. *Mesures générales en vue de la conservation et de l'utilisation durable*
Chacune des Parties contractantes, en fonction des conditions et moyens qui lui sont propres:
-- Elabore des stratégies, plans ou programmes nationaux tendant à assurer la conservation et l'utilisation durable de la diversité biologique ou adapte à cette fin ses stratégies, plans ou programmes existants qui tiendront compte, entre autres, des mesures énoncées dans la présente Convention qui la concernent;
-- Intègre, dans toute la mesure possible et comme il convient, la conservation et l'utilisation durable de la diversité biologique dans ses plans, programmes et politiques sectoriels ou intersectoriels pertinents.

Article 7. *Identification et surveillance*
Chaque Partie contractante, dans la mesure du possible et selon qu'il conviendra, notamment aux fins des articles 8 à 10 :
a) Identifie les éléments constitutifs de la diversité biologique importants pour sa conservation et son utilisation durable, en tenant compte de la liste indicative de catégories figurant à l'annexe I;
b) Surveille par prélèvement d'échantillons et d'autres techniques, les éléments constitutifs de la diversité biologique identifiés en application de l'alinéa a) ci-dessus, et prête une attention particulière à ceux qui doivent d'urgence faire l'objet de mesures de conservation ainsi qu'à ceux qui offrent le plus de possibilités en matière d'utilisation durable;
c) Identifie les processus et catégories d'activités qui ont ou risquent d'avoir une influence défavorable sensible sur la

conservation et l'utilisation durable de la diversité biologique et surveille leurs effets par prélèvement d'échantillons et d'autres techniques.
d) Conserve et structure à l'aide d'un système les données résultant des activités d'identification et de surveillance entreprises conformément aux alinéas a), b) et c) ci-dessus.

Article 8. *Conservation in situ*
Chaque Partie contractante, dans la mesure du possible et selon qu'il conviendra:
a) Etablit un système de zones protégées ou de zones où des mesures spéciales doivent être prises pour conserver la diversité biologique;
b) Elabore, si nécessaire, des lignes directrices pour le choix, la création et la gestion de zones protégées ou de zones où des mesures spéciales doivent être prises pour conserver la diversité biologique;
c) Réglemente ou gère les ressources biologiques présentant une importance pour la conservation de la diversité biologique à l'intérieur comme à l'extérieur des zones protégées afin d'assurer leur conservation et leur utilisation durable;
d) Favorise la protection des écosystèmes et des habitats naturels, ainsi que le maintien de populations viables d'espèces dans leur milieu naturel;
e) Promeut un développement durable et écologiquement rationnel dans les zones adjacentes aux zones protégées en vue de renforcer la protection de ces dernières;
f) Remet en état et restaure les écosystèmes dégradés et favorise la reconstitution des espèces menacées moyennant, entre autres, l'élaboration et l'application de plans ou autres stratégies de gestion;
g) Met en place ou maintient des moyens pour réglementer, gérer ou maîtriser les risques associés à l'utilisation et à la libération d'organismes vivants et modifiés résultant de la biotechnologie qui risquent d'avoir sur l'environnement des

impacts défavorables qui pourraient influer sur la conservation et l'utilisation durable de la diversité biologique, compte tenu également des risques pour la santé humaine;

h) Empêche d'introduire, contrôle ou éradique les espèces exotiques qui menacent des écosystèmes, des habitats ou des espèces;

i) S'efforce d'instaurer les conditions nécessaires pour assurer la compatibilité entre les utilisations actuelles et la conservation de la diversité biologique et l'utilisation durable de ses éléments constitutifs;

j) Sous réserve des dispositions de sa législation nationale, respecte, préserve et maintient les connaissances, innovations et pratiques des communautés autochtones et locales qui incarnent des modes de vie traditionnels présentant un intérêt pour la conservation et l'utilisation durable de la diversité biologique et en favorise l'application sur une plus grande échelle, avec l'accord et la participation des dépositaires de ces connaissances, innovations et pratiques et encourage le partage équitable des avantages découlant de l'utilisation de ces connaissances, innovations et pratiques;

k) Formule ou maintient en vigueur les dispositions législatives et autres dispositions réglementaires nécessaires pour protéger les espèces et populations menacées;

l) Lorsqu'un effet défavorable important sur la diversité biologique a été déterminé conformément à l'article 7, réglemente ou gère les processus pertinents ainsi que les catégories d'activités;

m) Coopère à l'octroi d'un appui financier et autre pour la conservation *in situ* visée aux alinéas a) à l) ci-dessus, notamment aux pays en développement.

Article 9. *Conservation ex situ*
Chaque Partie contractante, dans la mesure du possible et selon qu'il conviendra, et au premier chef afin de compléter les mesures de conservation *in situ* :

a) Adopte des mesures pour conserver *ex situ* des éléments constitutifs de la diversité biologique, de préférence dans le pays d'origine de ces éléments;
b) Met en place et entretient des installations de conservation *ex situ* et de recherche pour les plantes, les animaux et les micro-organismes, de préférence dans le pays d'origine des ressources génétiques;
c) Adopte des mesures en vue d'assurer la reconstitution et la régénération des espèces menacées et la réintroduction de ces espèces dans leur habitat naturel dans de bonnes conditions;
d) Règlemente et gère la collecte des ressources biologiques dans les habitats naturels aux fins de la conservation *ex situ* de manière à éviter que soient menacés les écosystèmes et les populations d'espèces *in situ*, excepté lorsque des mesures *ex situ* particulières sont temporairement nécessaires, conformément à l'alinéa c) ci-dessus;
e) Coopère à l'octroi d'un appui financier et autre pour la conservation ex situ visée aux alinéas a) à d) ci-dessus, et à la création et au maintien de moyens de conservation *ex situ* dans les pays en développement.

Article 10. *Utilisation durable des éléments constitutifs de la diversité biologique*
Chaque Partie contractante, dans la mesure du possible et selon qu'il conviendra :
a) Intègre les considérations relatives à la conservation et à l'utilisation durable des ressources biologiques dans le processus décisionnel national;
b) Adopte des mesures concernant l'utilisation des ressources biologiques pour éviter ou atténuer les effets défavorables sur la diversité biologique;
c) Protège et encourage l'usage coutumier des ressources biologiques conformément aux pratiques culturelles traditionnelles compatibles avec les impératifs de leur conservation ou de leur utilisation durable;

d) Aide les populations locales à concevoir et à appliquer des mesures correctives dans les zones dégradées où la diversité biologique a été appauvrie;

e) Encourage ses pouvoirs publics et son secteur privé à coopérer pour mettre au point des méthodes favorisant l'utilisation durable des ressources biologiques.

Article 11. *Mesures d'incitation*

Chaque Partie contractante adopte, dans la mesure du possible et selon qu'il conviendra, des mesures économiquement et socialement rationnelles incitant à conserver et à utiliser durablement les éléments constitutifs de la diversité biologique.

Article 12. *Recherche et formation*

Les Parties contractantes, tenant compte des besoins particuliers des pays en développement :

a) Mettent en place et poursuivent des programmes d'éducation et de formation scientifiques et techniques pour identifier et conserver la diversité biologique et ses éléments constitutifs et en assurer l'utilisation durable, et apportent un appui à l'éducation et à la formation répondant aux besoins particuliers des pays en développement;

b) Favorisent et encouragent la recherche qui contribue à conserver la diversité biologique et à en assurer l'utilisation durable, en particulier dans les pays en développement, en se conformant entre autres aux décisions de la Conférence des Parties faisant suite aux recommandations de l'organe subsidiaire chargé de fournir des Avis scientifiques, techniques et technologiques;

c) Conformément aux dispositions des articles 16, 18 et 20, encouragent l'exploitation des progrès de la recherche scientifique sur la diversité biologique pour mettre au point des méthodes de conservation et d'utilisation durable des ressources biologiques, et coopèrent à cet effet;

Article 13. *Education et sensibilisation du public*
Les Parties contractantes :
a) Favorisent et encouragent une prise de conscience de l'importance de la conservation de la diversité biologique et des mesures nécessaires à cet effet et en assurent la promotion par les médias, ainsi que la prise en compte de ces questions dans les programmes d'enseignement;
b) Coopèrent, selon qu'il conviendra, avec d'autres Etats et des organisations internationales, pour mettre au point des programmes d'éducation et de sensibilisation du public concernant la conservation et l'utilisation durable de la diversité biologique.

Article 14. *Etudes d'impact et réduction des effets nocifs*
1. Chaque Partie contractante, dans la mesure du possible et selon qu'il conviendra :
a) Adopte des procédures permettant d'exiger l'évaluation des impacts sur l'environnement des projets qu'elle a proposés et qui sont susceptibles de nuire sensiblement à la diversité biologique en vue d'éviter et de réduire au minimum de tels effets, et, s'il y a lieu, permet au public de participer à ces procédures;
b) Prend les dispositions voulues pour qu'il soit dûment tenu compte des effets sur l'environnement de ses programmes et politiques susceptibles de nuire sensiblement à la diversité biologique;
c) Encourage, sur une base de réciprocité, la notification, l'échange de renseignements et les consultations au sujet des activités relevant de sa juridiction ou de son autorité et susceptibles de nuire sensiblement à la diversité biologique d'autres Etats ou de zones situées hors des limites de la juridiction nationale, en encourageant la conclusion d'accords bilatéraux, régionaux ou multilatéraux, selon qu'il conviendra;
d) Dans le cas d'un danger ou d'un dommage imminent ou grave trouvant son origine sous sa juridiction ou son contrôle

et menaçant la diversité biologique dans une zone relevant de la juridiction d'autres Etats ou dans des zones situées en dehors des limites de la juridiction des Etats, en informe immédiatement les Etats susceptibles d'être touchés par ce danger ou ce dommage, et prend les mesures propres à prévenir ce danger ou ce dommage ou à en atténuer autant que possible les effets;
e) Facilite les arrangements nationaux aux fins de l'adoption de mesures d'urgence au cas où des activités ou des événements, d'origine naturelle ou autre, présenteraient un danger grave ou imminent pour la diversité biologique, et encourage la coopération internationale en vue d'étayer ces efforts nationaux et, selon qu'il est approprié et comme en conviennent les Etats ou les organisations régionales d'intégration économique concernés, en vue d'établir des plans d'urgence communs;
2. La Conférence des Parties examine, sur la base des études qui seront entreprises, la question de la responsabilité et de la réparation, y compris la remise en état et l'indemnisation pour dommages causés à la diversité biologique, sauf si cette responsabilité est d'ordre strictement interne.

Article 15. *Accès aux ressources génétiques*
1. Etant donné que les Etats ont droit de souveraineté sur leurs ressources naturelles, le pouvoir de déterminer l'accès aux ressources génétiques appartient aux gouvernements et est régi par la législation nationale.
2. Chaque Partie contractante s'efforce de créer les conditions propres à faciliter l'accès aux ressources génétiques aux fins d'utilisation écologiquement rationnelle par d'autres Parties contractantes et de ne pas imposer de restrictions allant à l'encontre des objectifs de la présente Convention.
3. Aux fins de la présente Convention, on entend par ressources génétiques fournies par une Partie contractante, et dont il est fait mention dans le présent article et aux articles 16 et 19 ci-après, exclusivement les ressources qui sont

fournies par des Parties contractantes qui sont des pays d'origine de ces ressources ou par des Parties qui les ont acquises conformément à la présente Convention.

4. L'accès, lorsqu' il est accordé, est régi par des conditions convenues d'un commun accord et est soumis aux dispositions du présent article.

5. L'accès aux ressources génétiques est soumis au consentement préalable donné en connaissance de cause de la Partie contractante qui fournit lesdites ressources, sauf décision contraire de cette Partie.

6. Chaque Partie contractante s'efforce de développer et d'effectuer des recherches scientifiques fondées sur les ressources génétiques fournies par d'autres Parties contractantes avec la pleine participation de ces Parties et, dans la mesure du possible, sur leur territoire.

7. Chaque Partie contractante prend les mesures législatives, administratives ou de politique générale appropriées, conformément aux articles 16 et 19 et, le cas échéant, par le biais du mécanisme de financement créé en vertu des articles 20 et 21, pour assurer le partage juste et équitable des résultats de la recherche et de la mise en valeur ainsi que des avantages résultant de l'utilisation commerciale et autre des ressources génétiques avec la Partie contractante qui fournit ces ressources. Ce partage s'effectue selon des modalités mutuellement convenues.

Article 16. *Accès à la technologie et transfert de technologie*

1. Chaque Partie contractante, reconnaissant que la technologie inclut la biotechnologie, et que l'accès à la technologie et le transfert de celle-ci entre Parties contractantes sont des éléments essentiels à la réalisation des objectifs de la présente Convention, s'engage, sous réserve des dispositions du présent article, à assurer et/ou à faciliter à d'autres Parties contractantes l'accès aux technologies nécessaires à la conservation et à l'utilisation durable de la

diversité biologique, ou utilisant les ressources génétiques sans causer de dommages sensibles à 'environnement, et le transfert desdites technologies.

2. L'accès à la technologie et le transfert de celle-ci, tels que visés au paragraphe 1 ci-dessus, sont assurés et/ou facilités pour ce qui concerne les pays en développement à des conditions justes et les plus favorables, y compris à des conditions de faveur et préférentielles s'il en est ainsi mutuellement convenu, et selon que de besoin conformément aux mécanismes financiers établis aux termes des articles 20 et 21. Lorsque les technologies font l'objet de brevets et autres droits de propriété intellectuelle, l'accès et le transfert sont assurés selon des modalités qui reconnaissent les droits de propriété intellectuelle et sont compatibles avec leur protection adéquate et effective. L'application du présent paragraphe sera conforme aux dispositions des paragraphes 3, 4 et 5 ci-après.

3. Chaque Partie contractante prend, comme il convient, les mesures législatives, administratives ou de politique générale voulues pour que soit assuré aux Parties contractantes qui fournissent des ressources génétiques, en particulier celles qui sont des pays en développement, l'accès à la technologie utilisant ces ressources et le transfert de ladite technologie selon des modalités mutuellement convenues, y compris à la technologie protégée par des brevets et autres droits de propriété intellectuelle, le cas échéant par le biais des dispositions des articles 20 et 21, dans le respect du droit international et conformément aux paragraphes 4 et 5 ci-après.

4. Chaque Partie contractante prend, comme il convient, les mesures législatives, administratives, ou de politique générale, voulues pour que le secteur privé facilite l'accès à la technologie visée au paragraphe 1 ci-dessus, sa mise au point conjointe et son transfert au bénéfice tant des institutions gouvernementales que du secteur privé des pays

en développement et, à cet égard, se conforme aux obligations énoncées aux paragraphes 1, 2 et 3 ci-dessus.
5. Les Parties contractantes, reconnaissant que les brevets et autres droits de propriété intellectuelle peuvent avoir une influence sur l'application de la Convention, coopèrent à cet égard sans préjudice des législations nationales et du droit international pour assurer que ces droits s'exercent à l'appui et non à l'encontre de ses objectifs.

Article 17. *Echange d'informations*
1. Les Parties contractantes facilitent l'échange d'informations, provenant de toutes les sources accessibles au public, intéressant la conservation et l'utilisation durable de la diversité biologique en tenant compte des besoins spéciaux des pays en développement.
2. Cet échange comprend l'échange d'informations sur les résultats des recherches techniques, scientifiques et socio-économiques ainsi que d'informations sur les programmes de formation et d'études, les connaissances spécialisées et les connaissances autochtones et traditionnelles en tant que telles au associées aux technologies visées au paragraphe 1 de l'article 16. Cet échange comprend aussi, lorsque c'est possible, le rapatriement des informations.

Article 18. *Coopération technique et scientifique*
1. Les Parties contractantes encouragent la coopération technique et scientifique internationale dans le domaine de la conservation et de l'utilisation durable de la diversité biologique, au besoin par le biais des institutions nationales et internationales compétentes.
2. Chaque Partie contractante encourage la coopération technique et scientifique avec d'autres Parties contractantes, en particulier les pays en développement, pour l'application de la présente Convention, notamment par l'élaboration et l'application de politiques nationales. En encourageant cette coopération, il convient d'accorder une attention particulière

au développement et au renforcement des moyens nationaux par le biais de la mise en valeur des ressources humaines et du renforcement des institutions.
3. La Conférence des Parties, à sa première réunion, détermine comment créer un centre d'échange pour encourager et faciliter la coopération technique et scientifique.
4. Conformément à la législation et aux politiques nationales, les Parties contractantes encouragent et mettent au point des modalités de coopération aux fins de l'élaboration et de l'utilisation de technologies, y compris les technologies autochtones et traditionnelles, conformément aux objectifs de la présente Convention. A cette fin, les Parties contractantes encouragent également la coopération en matière de formation de personnel et d'échange d'experts.
5. Les Parties contractantes encouragent, sous réserve d'accords mutuels, l'établissement de programmes de recherche conjoints et de coentreprises pour le développement de technologies en rapport avec les objectifs de la présente Convention.

Article 19. *Gestion de la biotechnologie et répartition de ses avantages*
1. Chaque Partie contractante prend les mesures législatives, administratives ou de politique voulues pour assurer la participation effective aux activités de recherche biotechnologique des Parties contractantes, en particulier les pays en développement, qui fournissent les ressources génétiques pour ces activités de recherche, si possible dans ces Parties contractantes.
2. Chaque Partie contractante prend toutes les mesures possibles pour encourager et favoriser l'accès prioritaire, sur une base juste et équitable, des Parties contractantes, en particulier des pays en développement, aux résultats et aux avantages découlant des biotechnologies fondées sur les

ressources génétiques fournies par ces Parties. Cet accès se fait à des conditions convenues d'un commun accord.
3. Les Parties examinent s'il convient de prendre des mesures et d'en fixer les modalités, éventuellement sous forme d'un protocole, comprenant notamment un accord préalable donné en connaissance de cause définissant les procédures appropriées dans le domaine du transfert, de la manutention et de l'utilisation en toute sécurité de tout organisme vivant modifié résultant de la biotechnologie qui risquerait d'avoir des effets défavorables sur la conservation et l'utilisation durable de la diversité biologique.
4. Chaque Partie contractante communique directement ou exige que soit communiquée par toute personne physique ou morale relevant de sa juridiction fournissant des organismes visés au paragraphe 3 ci-dessus toute information disponible relative à l'utilisation et aux règlements de sécurité exiges par ladite Partie contractante en matière de manipulation de tels organismes, ainsi que tout renseignement disponible sur l'impact défavorable potentiel des organismes spécifiques en cause, à la Partie contractante sur le territoire de laquelle ces organismes doivent être introduits.

Article 20. *Ressources financières*
1. Chaque Partie contractante s'engage à fournir, en fonction de ses moyens, un appui et des avantages financiers en ce qui concerne les activités nationales tendant à la réalisation des objectifs de la présente Convention, conformément à ses plans, priorités et programmes nationaux.
2. Les Parties qui sont des pays développés fournissent des ressources financières nouvelles et additionnelles pour permettre aux Parties qui sont des pays en développement de faire face à la totalité des surcoûts convenus que leur impose la mise en œuvre des mesures par lesquelles ils s'acquittent des obligations découlant de la présente Convention et de bénéficier de ses dispositions, ces surcoûts étant convenus entre une Partie qui est un pays en développement et la

structure institutionnelle visée à l'article 21, selon la politique, la stratégie, les priorités du programme et les conditions d'attribution ainsi qu'une liste indicative des surcoûts établies par la Conférence des Parties. Les autres Parties, y compris les pays qui se trouvent dans une phase de transition vers l'économie de marché, peuvent assumer volontairement les obligations des Parties qui sont des pays développés. Aux fins du présent article, la Conférence des Parties dresse à sa première réunion la liste des Parties qui sont des pays développés et des autres Parties qui assument volontairement les obligations des Parties qui sont des pays développés. La Conférence des Parties revoit périodiquement cette liste et la modifie en cas de besoin. Les autres pays et sources seraient également encouragés à fournir des contributions à titre volontaire. Pour traduire ces engagements en actes, on tiendra compte de la nécessité de faire en sorte que le flux des fonds soit adéquat, prévisible et ponctuel et du fait qu'il est important de répartir le fardeau entre les Parties contribuantes inscrites sur la liste susmentionnée.

3. Les Parties qui sont des pays développés peuvent aussi fournir, au bénéfice des Parties qui sont des pays en développement, des ressources financières liées à l'application de la présente Convention, par des voies bilatérales, régionales et multilatérales.

4. Les pays en développement ne pourront s'acquitter effectivement des obligations qui leur incombent en vertu de la Convention que dans la mesure où les pays développés s'acquitteront effectivement des obligations qui leur incombent en vertu de la Convention s'agissant des ressources financières et du transfert de technologie et où ces derniers tiendront pleinement compte du fait que le développement économique et social et l'élimination de la pauvreté sont les priorités premières et absolues des pays en développement.

5. Les Parties tiennent pleinement compte des besoins spécifiques et de la situation particulière des pays les moins avancés dans les mesures qu'ils prennent en matière de financement et de transfert de technologie.
6. Les Parties contractantes prennent aussi en considération les conditions spéciales résultant de la répartition et de la localisation de la diversité biologique sur le territoire des Parties qui sont des pays en développement, et de la dépendance de ces dernières, en particulier de celles qui sont des petits Etats insulaires.
7. Elles prennent également en considération la situation particulière des pays en développement, notamment de ceux qui sont les plus vulnérables du point de vue de l'environnement, tels que ceux qui ont des zones arides et semi-arides, des zones côtières et montagneuses.

Article 21. *Mécanisme de financement*
1. Un mécanisme de financement est institué pour fournir des ressources financières aux Parties qui sont des pays en développement, aux fins de la présente Convention, sous forme de dons ou à des conditions de faveur, dont les éléments essentiels sont exposés dans le présent article. Aux fins de la Convention, le mécanisme fonctionne sous l'autorité et la direction de la Conférence des Parties, envers laquelle il est comptable. Le fonctionnement du mécanisme est assuré par la structure institutionnelle dont pourrait décider la Conférence des Parties à sa première réunion. Aux fins de la présente Convention, la Conférence des Parties détermine la politique générale, la stratégie et les priorités du programme ainsi que les critères définissant les conditions d'attribution et d'utilisation de ces ressources. Les contributions seront telles qu'elles permettront de prendre en compte la nécessité de versements prévisibles, adéquats et ponctuels comme il est prévu à l'article 20, en rapport avec le montant des ressources nécessaires, dont la Conférence des Parties décidera périodiquement, et l'importance du partage

du fardeau entre les Parties contribuantes figurant sur la liste mentionnée au paragraphe 2 de L'article 20. Les Parties qui sont des pays développés ainsi que d'autres pays et d'autres sources peuvent également verser des contributions volontaires. Le mécanisme fonctionne selon un système de gestion démocratique et transparent.

2. Conformément aux objectifs de la présente Convention, la Conférence des Parties détermine, à sa première réunion, la politique générale, la stratégie et les priorités du programme, ainsi que des critères et des lignes directrices détaillés pour définir les conditions requises pour avoir accès aux ressources financières et les utiliser, y compris le contrôle et l'évaluation régulière de cette utilisation. La Conférence des Parties décide des dispositions nécessaires pour donner effet au paragraphe 1 ci-dessus après consultation avec la structure institutionnelle à laquelle aura été confié le fonctionnement du mécanisme de financement.

3. La Conférence des Parties examine l'efficacité du mécanisme de financement créé par le présent article, notamment les critères et les lignes directrices visés au paragraphe 2 ci-dessus, au plus tôt deux ans après l'entrée en vigueur de la présente Convention et ensuite de façon régulière. Sur la base de cet examen, elle prend des mesures appropriées pour rendre le mécanisme plus efficace si nécessaire.

4. Les Parties contractantes envisagent de renforcer les institutions financières existantes pour qu'elles fournissent des ressources financières en vue de la conservation et de l'utilisation durable de la diversité biologique.

Article 22. *Relations avec d'autres conventions internationales*

1. Les dispositions de la présente Convention ne modifient en rien les droits et obligations découlant pour une Partie contractante d'un accord international existant, sauf si l'exercice de ces droits ou le respect de ces obligations

causait de sérieux dommages à la diversité biologique ou constituait pour elle une menace.
2. Les Parties contractantes appliquent la présente Convention, en ce qui concerne le milieu marin, conformément aux droits et obligations des Etats découlant du droit de la mer.

Article 23. *La Conférence des Parties*
1. Il est institué par les présentes une Conférence des Parties. La première réunion de la Conférence des Parties est convoquée par le Directeur exécutif du Programme des Nations Unies pour l'environnement un an au plus tard après l'entrée en vigueur de la présente Convention. Par la suite, les réunions ordinaires de la Conférence des Parties auront lieu régulièrement, selon la fréquence déterminée par la Conférence à sa première réunion.
2. Des réunions extraordinaires de la Conférence des Parties peuvent avoir lieu à tout autre moment si la Conférence le juge nécessaire, ou à la demande écrite d'une Partie, sous réserve que cette demande soit appuyée par un tiers au moins des Parties dans les six mois suivant sa communication auxdites Parties par le Secrétariat.
3. La Conférence des Parties arrête et adopte par consensus son propre règlement intérieur et celui de tout organe subsidiaire qu'elle pourra créer, ainsi que le règlement financier régissant le financement du Secrétariat. A chaque réunion ordinaire, elle adopte le budget de l'exercice financier courant jusqu'à la session ordinaire suivante.
4. La Conférence des Parties examine l'application de la présente Convention et, à cette fin :
a) Etablit la forme et la fréquence de la communication des renseignements à présenter conformément à l'article 26 et examine ces renseignements ainsi que les rapports présentés par tout organe subsidiaire;

b) Etudie les avis techniques, technologiques et scientifiques sur la diversité biologique fournis conformément à l'article 25;
c) Examine et adopte, en tant que de besoin, des protocoles conformément à l'article 28;
d) Examine et adopte, selon qu'il convient, les amendements à la présente Convention et à ses annexes, conformément aux articles 29 et 30;
e) Examine les amendements à tout protocole, ainsi qu'à toute annexe audit protocole et, s'il en est ainsi décidé, recommande leur adoption aux Parties au protocole considéré;
f) Examine et adopte, en tant que de besoin, et conformément à l'article 30, les annexes supplémentaires à la présente Convention;
g) Crée les organes subsidiaires jugés nécessaires à l'application de la présente Convention, en particulier pour donner des avis scientifiques et techniques;
h) Se met en rapport, par l'intermédiaire du Secrétariat, avec les organes exécutifs des conventions traitant des questions qui font l'objet de la présente Convention en vue de fixer avec eux les modalités de coopération appropriées;
i) Examine et prend toutes autres mesures nécessaires à la poursuite des objectifs de la présente Convention en fonction des enseignements tirés de son application.

5. L'Organisation des Nations Unies, ses institutions spécialisées et l'Agence Internationale de l'Energie Atomique, le même que tout Etat qui n'est pas Partie à la présente Convention, peuvent se faire représenter aux réunions de la conférence des Parties en qualité d'observateurs. Tout organe ou organisme, gouvernemental ou non gouvernemental, qualifié dans les domaines se rapportant à la conservation et à l'utilisation durable de la diversité biologique qui a informé le Secrétariat de son désir de se faire représenter à une réunion de la Conférence des Parties en qualité d'observateur peut être admis à y prendre

part à moins qu'un tiers au moins des Parties présentes n'y fassent objection. L'admission et la participation des observateurs sont subordonnées au respect du règlement intérieur adopté par la Conférence des Parties.

Article 24. *Le Secrétariat*
1. Il est institué par les présentes un secrétariat. Ses fonctions sont les suivantes:
a) Organiser les réunions de la Conférence des Parties prévues à l'article 23 et en assurer le service;
b) S'acquitter des fonctions qui lui sont assignées en vertu de tout protocole à la présente Convention;
c) Etablir des rapports sur l'exercice des fonctions qui lui sont assignées en vertu de la présente Convention et les présenter à la Conférence des Parties;
d) Assurer la coordination avec les autres organismes internationaux compétents, et en particulier conclure les arrangements administratifs et contractuels qui pourraient lui être nécessaires pour s'acquitter efficacement de ses fonctions;
e) S'acquitter de toutes autres fonctions que la Conférence des Parties pourrait décider de lui assigner.
2. A sa première réunion ordinaire, la Conférence des Parties désigne le Secrétariat parmi les organisations internationales compétentes qui se seraient proposées pour assurer les fonctions de secrétariat prévues par la présente Convention.

Article 25. *Organe Subsidiaire chargé de fournir des Avis Scientifiques, Techniques et Technologiques*
1. Un organe subsidiaire chargé de fournir des avis scientifiques, techniques et technologiques est créé par les présentes pour donner en temps opportun à la Conférence des Parties et, le cas échéant, à ses autres organes subsidiaires, des avis concernant l'application de la présente Convention. Cet organe est ouvert à la participation de toutes les Parties et il est pluridisciplinaire. Il se compose de représentants

gouvernementaux compétents dans les domaines de spécialisation concernés. Il fait régulièrement rapport à la Conférence des Parties sur tous les aspects de son travail.
2. Sous l'autorité de la Conférence des Parties, conformément aux directives qu'elle aura établies, et sur sa demande, cet organe :
a) Fournit des évaluations scientifiques et techniques sur la situation en matière de diversité biologique;
b) Réalise des évaluations scientifiques et techniques sur les effets des types de mesures prises conformément aux dispositions de la présente Convention;
c) Repère les technologies et savoir-faire de pointe, novateurs et efficaces concernant la conservation et l'utilisation durable de la diversité biologique et indique les moyens d'en promouvoir le développement ou d'en assurer le transfert;
d) Fournit des avis sur les programmes scientifiques et la coopération internationale en matière de recherche-développement concernant la conservation et l'utilisation durable de la diversité biologique;
e) Répond aux questions d'ordre scientifique, technique, technologique et méthodologique que la Conférence des Parties et ses organes subsidiaires lui adressent.
3. Les attributions, le mandat, la structure et le fonctionnement de cet organe pourront être précisés par la Conférence des Parties.

Article 26. *Rapports*
Selon une périodicité qui sera déterminée par la Conférence des Parties, chaque Partie contractante présente à la Conférence des Parties un rapport sur les dispositions qu'elle a adoptées pour appliquer la présente Convention et la mesure dans laquelle elles ont permis d'assurer la réalisation des objectifs qui y sont énoncés.

Article 27. *Règlement des différends*
1. En cas de différend entre Parties contractantes touchant l'interprétation ou l'application de la présente Convention, les Parties concernées recherchent une solution par voie de négociation.
2. Si les Parties concernées ne peuvent pas parvenir à un accord par voie de négociation, elles peuvent conjointement faire appel aux bons offices ou à la médiation d'une tierce Partie.
3. Au moment de ratifier, d'accepter au d'approuver la présente Convention ou d'y adhérer, et à tout moment par la suite, tout Etat ou organisation régionale d'intégration économique peut déclarer par écrit auprès du Dépositaire que, dans le cas d'un différend qui n'a pas été réglé conformément aux paragraphes 1 ou 2 ci-dessus, il ou elle accepte de considérer comme obligatoire l'un ou l'autre des modes de règlement ci-après, ou les deux :
a) L'arbitrage, conformément à la procédure énoncée à la première partie de l'annexe II;
b) La soumission du différend à la Cour internationale de Justice.
4. Si les Parties n'ont pas accepté la même procédure ou une procédure quelconque, conformément au paragraphe 3 ci-dessus, le différend est soumis à la conciliation conformément à la deuxième partie de l'annexe II, à moins que les Parties n'en conviennent autrement.
5. Les dispositions du présent article s'appliquent aux différends touchant un protocole, sauf si celui-ci en dispose autrement.

Article 28. *Adoption de protocoles*
1. Les Parties contractantes coopèrent pour formuler et adopter des protocoles à la présente Convention.
2. Les protocoles sont adoptés à une réunion de la conférence des Parties.

3. Le Secrétariat communique aux Parties le texte de tout projet de protocole au moins six mois avant la réunion de la Conférence des Parties.

Article 29. *Amendements à la Convention ou aux protocoles*

1. Toute Partie contractante peut proposer des amendements à la présente Convention. Toute Partie à un protocole peut proposer des amendements à ce protocole.
2. Les amendements à la présente Convention sont adoptés à une réunion de la Conférence des Parties. Les amendements à un protocole sont adoptés à une réunion des Parties au protocole considéré. Le texte de tout projet d'amendement la présente Convention ou à un protocole, sauf disposition contraire du protocole considéré, est communiqué par le Secrétariat aux Parties à l'instrument considéré au moins six mois avant la réunion à laquelle il est proposé pour adoption. Le Secrétariat communique aussi les amendements proposés aux signataires de la présente Convention, pour information.
3. Les Parties n'épargnent aucun effort pour parvenir à un consensus sur tout projet d'amendement à la présente Convention ou à un protocole. Si tous les efforts en ce sens ont été épuisés sans qu'un accord soit intervenu, l'amendement est adopté en dernier recours par le vote à la majorité des deux tiers des Parties à l'instrument considéré, présentes à la réunion et exprimant leur vote; il est soumis par le Dépositaire à la ratification, l'acceptation ou l'approbation de toutes les Parties.
4. La ratification, l'acceptation ou l'approbation des amendements est notifiée par écrit au Dépositaire. Les amendements adoptés conformément au paragraphe 3 ci-dessus entrent en vigueur pour les Parties les ayant acceptés le quatre-vingt-dixième jour après le dépôt des instruments de ratification, d'acceptation au d'approbation par les deux tiers au moins des Parties à la présente Convention ou au protocole considéré, sauf disposition contraire du protocole

en question. Par la suite, les amendements entrent en vigueur à l'égal de toute autre Partie le quatre-vingt-dixième jour après le dépôt par cette Partie de son instrument de ratification, d'acceptation ou d'approbation des amendements.

5. Aux fins du présent article, l'expression "Parties présentes à la réunion et exprimant leur vote" s'entend des Parties présentes à la réunion qui ont émis un vote affirmatif ou négatif.

Article 30. *Adoption des annexes et des amendements aux annexes*

1. Les annexes à la présente Convention ou à ses protocoles font partie intégrante de la Convention ou de ses protocoles selon le cas, et sauf disposition contraire expresse, toute référence à la présente Convention ou aux protocoles renvoie également à leurs annexes. Les annexes sont limitées aux questions de procédure et aux questions scientifiques, techniques et administratives.

2. Sauf disposition contraire d'un protocole concernant ses propres annexes, la proposition, l'adoption et l'entrée en vigueur d'annexes supplémentaires à la présente Convention ou d'annexes à un protocole sont régies par la procédure suivante:

a) Les annexes à la présente Convention ou à ses protocoles sont proposées et adoptées selon la procédure fixée à l'article 29;

b) Toute Partie qui ne peut approuver une annexe supplémentaire à la présente Convention ou une annexe a l'un de ses protocoles auquel elle est Partie en donne par écrit notification au Dépositaire dans l'année qui suit la date de communication de l'adoption par le Dépositaire. Ce dernier informe sans délai toutes les Parties de toute notification reçue. Une Partie peut à tout moment retirer une objection et l'annexe considérée entre alors en vigueur à l'égard de cette Partie sous réserve de l'alinéa c) ci-dessous;

c) Un an après la communication par le Dépositaire de l'adoption de l'annexe, celle-ci entre en vigueur à l'égard de toutes les Parties à la présente Convention ou au protocole considéré qui n'ont pas donné par écrit la notification prévue à l'alinéa b) ci-dessus.

3. La proposition, l'adoption et l'entrée en vigueur d'amendements aux annexes à la présente Convention ou à l'un de ses protocoles sont soumises à la même procédure que la proposition, l'adoption et l'entrée en vigueur des annexes à la Convention ou à l'un de ses protocoles.

4. Si une annexe supplémentaire ou un amendement à une annexe se rapporte à un amendement à la Convention ou à un protocole, cette annexe supplémentaire ou cet amendement n'entre en vigueur que lorsque l'amendement à la Convention ou au protocole considéré entre lui-même en vigueur.

Article 31. *Droit de vote*
1. Sous réserve des dispositions du paragraphe 2 ci-dessous, chaque Partie à la présente Convention ou à tout protocole dispose d'une voix.
2. Les organisations régionales d'intégration économique disposent, pour exercer leur droit de vote dans les domaines qui relèvent de leur compétence, d'un nombre de voix égal au nombre de leurs Etats membres qui sont Parties à la Convention au protocole considéré. Elles n'exercent pas leur droit de vote si leurs Etats membres exercent le leur, et inversement.

Article 32. *Rapports entre la présente Convention et ses protocoles*
1. Aucun Etat ni aucune organisation régionale d'intégration économique ne peut devenir Partie à un protocole sans être ou devenir simultanément Partie à la présente Convention.
2. Les décisions prises en vertu d'un protocole sont prises par les seules Parties au protocole considéré. Toute Partie contractante qui n'a pas ratifié, accepté ou approuvé un

protocole peut participer, en qualité d'observateur, à toute réunion des Parties à ce protocole.

Article 33. *Signature*
La présente Convention est ouverte à la signature de tous les Etats et organisations régionales d'intégration économique à Rio de Janeiro, du 5 au 14 juin 1992, et au Siège de l'Organisation des Nations Unies à New York, du 15 juin 1992 au 4 juin 1993.

Article 34. *Ratification, acceptation, approbation*
1. La présente Convention et ses protocoles sont soumis à la ratification, à l'acceptation ou à l'approbation des Etats et des organisations régionales d'intégration économique. Les instruments de ratification, d'acceptation ou d'approbation seront déposés auprès du Dépositaire.
2. Toute organisation visée au paragraphe 1 ci-dessus qui devient Partie à la présente Convention ou à un quelconque de ses protocoles et dont aucun Etat membre n'est lui-même Partie contractante, est liée par toutes les obligations énoncées dans la Convention ou dans le protocole considéré, selon le cas. Lorsqu'un au plusieurs Etats membres d'une de ces organisations sont Parties à la Convention ou à un protocole, l'organisation et ses Etats membres conviennent de leurs responsabilités respectives en ce qui concerne l'exécution de leurs obligations en vertu de la Convention ou du protocole, selon le cas. En tel cas, l'organisation et ses Etats membres ne sont pas habilités à exercer concurremment leurs droits au titre de la Convention ou du protocole.
3. Dans leurs instruments de ratification, d'acceptation au d'approbation, les organisations visées au paragraphe 1 ci-dessus indiquent l'étendue de leurs compétences dans les domaines régis par la Convention au par le protocole considéré. Elles informent également le Dépositaire de toute modification pertinente de l'étendue de ces compétences.

Article 35. *Adhésion*
1. La présente Convention et ses protocoles éventuels sont ouverts à l'adhésion des Etats et des organisations régionales d'intégration économique à partir de la date à laquelle la Convention ou le protocole considéré ne sont plus ouverts à la signature. Les instruments d'adhésion seront déposés auprès du Dépositaire.
2. Dans leurs instruments d'adhésion, les organisations visées au paragraphe 1 ci-dessus indiquent l'étendue de leurs compétences dans les domaines régis par la Convention ou par le protocole considéré. Elles informent également le Dépositaire de toute modification pertinente de l'étendue de ces compétences.
3. Les dispositions du paragraphe 2 de l'article 34 s'appliquent aux organisations régionales d'intégration économique qui adhèrent à la présente Convention ou à un quelconque de ses protocoles.

Article 36. *Entrée en vigueur*
1. La présente Convention entrera en vigueur le quatre-vingt-dixième jour suivant la date du dépôt du trentième instrument de ratification, d'acceptation, d'approbation au d'adhésion.
2. Un protocole entre en vigueur le quatre-vingt-dixième jour suivant la date du dépôt du nombre d'instruments de ratification, d'acceptation, d'approbation au d'adhésion précisé dans ledit protocole.
3. A l'égard de chacune des Parties contractantes qui ratifie, accepte ou approuve la présente Convention, ou y adhère, après le dépôt du trentième instrument de ratification, d'acceptation, d'approbation ou d'adhésion, la Convention entrera en vigueur le quatre-vingt-dixième jour suivant la date du dépôt, par ladite Partie contractante, de son instrument de ratification, d'acceptation, d'approbation ou d'adhésion.
4. A moins qu'il n'en dispose autrement, un protocole entre en vigueur pour une Partie contractante qui le ratifie,

l'accepte, l'approuve ou y adhère après son entrée en vigueur conformément au paragraphe 2 ci-dessus, soit le quatre-vingt-dixième jour après la date de dépôt par cette Partie contractante de son instrument de ratification, d'acceptation, d'approbation ou d'adhésion, soit au moment où la Convention entre en vigueur pour cette Partie, la dernière date étant retenue.
5. Aux fins des paragraphes 1 et 2 ci-dessus, aucun des instruments déposés par une organisation régionale d'intégration économique n'est considéré comme un instrument venant s'ajouter aux instruments déjà déposés par les Etats membres de ladite organisation.

Article 37. *Réserves*
Aucune réserve ne peut être faite à la présente Convention.

Article 38. *Dénonciation*
1. A l'expiration d'un délai de deux ans à compter de la date d'entrée en vigueur de la présente Convention à l'égard d'une Partie contractante, cette Partie contractante peut à tout moment dénoncer la Convention par notification écrite au Dépositaire.
2. Toute dénonciation prend effet à l'expiration d'un délai d'un an suivant la date de sa réception par le Dépositaire, ou à toute autre date ultérieure qui pourra être spécifiée dans la notification de dénonciation.
3. Toute Partie contractante qui aura dénoncé la présente Convention sera considérée comme ayant également dénoncé les protocoles auxquels elle est Partie.

Article 39. *Arrangements financiers provisoires*
Sous réserve qu'il ait été intégralement restructuré, conformément aux dispositions de l'article 21, le Fonds pour l'Environnement Mondial du Programme des Nations Unies pour le Développement, du Programme des Nations Unies pour l'Environnement et de la Banque Internationale pour la

Reconstruction et le Développement est, provisoirement, la structure institutionnelle prévue par l'article 21, pour la période allant de l'entrée en vigueur de la présente Convention à la première réunion de la Conférence des Parties ou jusqu'à ce que la Conférence des Parties ait désigné une structure institutionnelle conformément à l'article 21.

Article 40. *Arrangements intérimaires pour le Secrétariat*
Le Secrétariat à fournir par le Directeur exécutif du Programme des Nations Unies pour l'Environnement est le secrétariat prévu au paragraphe 2 de l'article 24, établi sur une base intérimaire pour la période allant de l'entrée en vigueur de la présente Convention à la première réunion de la Conférence des Parties.

Article 41. *Dépositaire*
Le Secrétaire général de l'Organisation des Nations Unies assume les fonctions de Dépositaire de la présente Convention et de ses protocoles.

Article 42. *Textes faisant foi*
L'original de la présente Convention, dont les textes anglais, arabe, chinois, espagnol, français et russe font également foi, sera déposé auprès du Secrétaire général de l'Organisation des Nations Unies.
EN FOI DE QUOI, les soussignés, à ce dûment habilités, ont signé la présente Convention.
Fait à Rio de Janeiro, le cinq juin mil neuf cent quatre-vingt-douze.

Annexe 1. IDENTIFICATION ET SURVEILLANCE

1. Ecosystèmes et habitats : comportant une forte diversité, de nombreuses espèces endémiques ou menacées, ou des étendues sauvages; nécessaires pour les espèces migratrices; ayant une importance sociale, économique, culturelle ou scientifique; ou qui sont représentatifs, uniques ou associés à des processus d'évolution ou d'autres processus biologiques essentiels;
2. Espèces et communautés qui sont : menacées; des espèces sauvages apparentées à des espèces domestiques ou cultivées; d'intérêt médicinal, agricole ou économique; d'importance sociale, scientifique ou culturelle; ou d'un intérêt pour la recherche sur la conservation et l'utilisation durable de la diversité biologique, telles que les espèces témoins;
3. Génomes et gènes décrits revêtant une importance sociale, scientifique ou économique.

Annexe II Première partie: ARBITRAGE

Article premier
La Partie requérante notifie au Secrétariat que les Parties renvoient un différend à l'arbitrage conformément à L'article 27. La notification indique l'objet de l'arbitrage et notamment les articles de la Convention ou du protocole dont l'interprétation ou l'application font l'objet du litige. Si les Parties ne s'accordent pas sur l'objet du litige avant la désignation du Président du Tribunal arbitral, c'est ce dernier qui le détermine. Le Secrétariat communique les informations ainsi reçues à toutes les Parties à la Convention ou au protocole concerné.

Article 2
1. En cas de différend entre deux Parties, le Tribunal arbitral est composé de trois membres. Chacune des Parties au

différend nomme un arbitre; les deux arbitres ainsi nommés désignent d'un commun accord le troisième arbitre, qui. assume la présidence du Tribunal. Ce dernier ne doit pas être ressortissant de l'une des Parties au différend, ni avoir sa résidence habituelle sur le territoire de l'une de ces Parties, ni se trouver au service de l'une d'elles, ni s'être déjà occupé de l'affaire à aucun titre.
2. En cas de différend entre plus de deux Parties, les Parties ayant le même intérêt désignent un arbitre d'un commun accord.
3. En cas de vacance, il est pourvu à la vacance selon la procédure prévue pour la nomination initiale.

Article 3
1. Si, dans un délai de deux mois après la nomination du deuxième arbitre, le Président du Tribunal arbitral n'est pas désigné, le Secrétaire général de l'Organisation des Nations Unies procède, à la requête d'une Partie, à sa désignation dans un nouveau délai de deux mois.
2. Si, dans un délai de deux mois après réception de la requête, l'une des Parties au différend n'a pas procédé à la nomination d'un arbitre, l'autre Partie peut saisir le Secrétaire Général, qui procède à la désignation dans un nouveau délai de deux mois.

Article 4
Le Tribunal arbitral rend ses décisions conformément aux dispositions de la présente Convention, à tout protocole concerné et au droit international.

Article 5
Sauf si les Parties au différend en décident autrement, le Tribunal arbitral établit ses propres règles de procédure.

Article 6
A la demande de l'une des Parties, le Tribunal arbitral peut recommander les mesures conservatoires indispensables.

Article 7
Les Parties au différend facilitent les travaux du Tribunal arbitral et, en particulier, utilisent tous les moyens à leur disposition pour :
a) Fournir au Tribunal tous les documents, renseignements et facilités nécessaires;
b) Permettre au Tribunal, en cas de besoin, de faire comparaître des témoins ou des experts et d'enregistrer leur disposition.

Article 8
Les Parties et les arbitres sont tenus de conserver le caractère confidentiel de tout renseignement qu'ils obtiennent confidentiellement au cours des audiences du Tribunal arbitral.

Article 9
A moins que le Tribunal arbitral n'en décide autrement du fait des circonstances particulières de l'affaire, les frais du Tribunal sont pris en charge, à parts égales, par les Parties au différend.
Le Tribunal tient un relevé de tous ses frais et en fournit un état final aux Parties.

Article 10
Toute Partie contractante ayant, en ce qui concerne l'objet du différend, un intérêt d'ordre juridique susceptible d'être affecté par la décision, peut intervenir dans la procédure avec le consentement du Tribunal.

Article 11
Le Tribunal peut connaître et décider des demandes reconventionnelles directement liées à l'objet du différend.

Article 12
Les décisions du Tribunal arbitral, tant sur la procédure que sur le fond, sont prises à la majorité des voix de ses membres.

Article 13
Si l'une des Parties au différend ne se présente pas devant le Tribunal arbitral ou ne défend pas sa cause, l'autre Partie peut demander au Tribunal de poursuivre la procédure et de prononcer sa décision. Le fait qu'une des Parties se soit pas présentée devant le Tribunal ou se soit abstenue de faire valoir ses droits ne fait pas obstacle à la procédure. Avant de prononcer sa sentence définitive, le Tribunal arbitral doit s'assurer que la demande est fondée dans les faits et en droit.

Article 14
Le Tribunal prononce sa sentence définitive au plus tard cinq mois à partir de la date à laquelle il a été créé, à mains qu'il n'estime nécessaire de prolonger ce délai pour une période qui ne devrait pas excéder cinq mois supplémentaires.

Article 15
La sentence définitive du Tribunal arbitral est limitée à la question qui fait l'objet du différend et est motivée. Elle contient les noms des membres qui ont participé au délibéré et la date à laquelle elle a été prononcée. Tout membre du Tribunal peut y annexer un avis distinct ou une opinion divergente.

Article 16
La sentence est obligatoire pour les Parties au différend. Elle est sans appel, à moins que les Parties ne se soient entendues d'avance sur une procédure d'appel.

Article 17
Tout différend qui pourrait surgir entre les Parties au différend concernant l'interprétation ou l'exécution de la sentence peut être soumis par l'une des Parties au Tribunal arbitral qui l'a rendue.

Deuxième partie: CONCILIATION

Article premier
Une Commission de conciliation est créée à la demande de l'une des Parties au différend. A moins que les Parties n'en conviennent autrement, la Commission se compose de cinq membres, chaque Partie concernée en désignant deux et le Président étant choisi d'un commun accord par les membres ainsi désignés.

Article 2
En cas de différend entre plus de deux Parties, les Parties ayant le même intérêt désignent leurs membres de la Commission d'un commun accord. Lorsque deux Parties au moins ont des intérêts indépendants ou lorsqu'elles sont en désaccord sur la question de savoir si elles ont le même intérêt, elles nomment leurs membres séparément.

Article 3
Si, dans un délai de deux mois après la demande de création d'une commission de conciliation, tous les membres de la Commission n'ont pas été nommés par les Parties, le Secrétaire général de l'Organisation des Nations Unies procède, à la requête de la Partie qui a fait la demande, aux

désignations nécessaires dans un nouveau délai de deux mois.

Article 4
Si, dans un délai de deux mois après la dernière nomination d'un membre Commission, celle-ci n'a pas choisi son Président, le Secrétaire Général de l'Organisation des Nations Unies procède, à la requête d'une Partie, à la désignation du Président dans un nouveau délai de deux mois.

Article 5
La Commission de conciliation prend ses décisions à la majorité des voix de ses membres. A moins que les Parties au différend n'en conviennent autrement, elle établit sa propre procédure. Elle rend une proposition de résolution du différend que les Parties examinent de bonne foi.

Article 6
En cas de désaccord au sujet de la compétence de la Commission de conciliation, celle-ci décide si elle est ou non compétente.

Nations Unies - Recueils des Traités : N°. 306196 – Multilatéral

Note : Les textes authentiques de la Convention (avec les annexes) enregistrée d'office le 29 décembre 1993, sont en : arabe, chinois, anglais, français, russe et espagnol.

Notes de renvois

1. Cf. VI. Les matériaux complémentaires – Textes, Témoignages, Résolutions, Conventions : VI.04. « Les récentes découvertes faites au Maroc : Nouvelles données relatives à l'Homo sapiens »

2. Claire Lalouette, *Textes sacrés et textes profanes de l'ancienne Egypte*, 1984, vol I. Note N° 31, pp. 324-325.

3. Paul Barguet, *Textes des sarcophages égyptiens du Moyen Empire*, CNRS / Les Editions du Cerf, 1986, pp. 145-146

4. Serge Bahuchet, "L'invention des Pygmées" in *Cahier d'Etudes Africaines*, N° 129 ? 1993 ? P. 167.

5. Véronique Dasen, "Nains et pygmées. Figures de l'altérité en Égypte et Grèce anciennes", in *Penser et représenter le corps dans l'Antiquité*, sous la direction de Francis Prost, Jérôme Wilgaux, PUR, Collection hippocratique, 2006, pp. 95-113. Disponible sur Internet : http://books.openedition.org/pur/7327.
ISBN : 9782753532274.

Note infrapaginale:
(5a). Par ex. la vignette de l'hymne à Rê dans le chapitre 16 du *Livre des morts* : le soleil, soulevé par le dieu Shou, est acclamé par quatre babouins ; DE CENIVAL J.-L., *Le Livre pour sortir le jour. Le livre des morts des anciens Égyptiens* (1992), p. 48 ; voir aussi ibid., p. 49, le groupe en bronze figurant deux babouins adorant le disque solaire.
(5b). LICHTHEIM M., *Ancient Egyptian Literature*, I (1973), 48, n° 517, l. 1189. Cette variante se trouve dans les pyramides des rois Pépi Ier, Pépi II et Merenre.

6. Théophile Obenga, « "Nains" et "Pygmées" : Images et fonctions sociales depuis l'Egypte pharaonique » in *Ankh Revue d'Egyptologie et des civilisations africaines* n°23/24, 2014-2015, pp. 125-131.

7. Djedkaré-Isesi de son nom d'Horus *Djed-khaou*, fut le 8ème roi de la Ve dynastie. Au cours du règne qui dura 40 ans selon Manéthon, il développa les relations avec les voisins de l'Egypte. Hirkhouf mentionne l'expédition de Djedkaré envoyée au pays de Yam. Ounas fut le 9e et dernier pharaon de la dynastie.

8. Cf. Victor Bissengué, 2004, p. 179, « Le message du Pharaon Neferkarê Pepi II à Herkhouf. Cachet du roi même. An II, troisième mois de la saison de l'inondation, le 15 » in *Contribution à l'histoire ancienne des Pygmées : L'exemple des Aka*. Ed. L'Harmattan.

9. Ange-Pierre Leca (Docteur), *La médecine égyptienne au temps des pharaons*, Paris, Ed. Roger Dacosta, 1983, p.254

10. La venue des Pygmées Aka à Paris (Grande Halle de la Villette) en juin 1991 a donné lieu à un film : *Pygmées à Paris*, Film de Mark Kidel, 16 mm, 45 mn, 1992. Coproduction: Les Films d'Ici, La Grande Halle de la Villette, La Sept, la BBC. (Nous avons participé ici pour la traduction en français d'une séquence filmée où les Pygmées s'expriment dans la langue sango).

11. Khnoum, dieu bélier ou à tête de bélier, fit apparaitre les premiers êtres vivants sur son tour de potier avec le limon du Nil, pour leur donner vie et façonner leurs Ka.

12. Cf. VI. *Les matériaux complémentaires : Textes, Témoignages, Résolutions, Conventions*: "Auguste Mariette découvre le Sérapeum de Memphis", par Jean Leclant (VI.05).

13. Cf. VI. *Les matériaux complémentaires – Textes, Témoignages, Résolutions, Conventions*: "*Appuis-tête de l'Egypte pharaonique : typologie et significations*", par Milena PERRAUD (VI.02).

14. Différentes formes rencontrées du nom de la déesse Taouret: Taweret, Thouéris, Thoéris, Toéris, Toueris,

Thoneris ou *Taouret* ; cela signifie "*La Grande*" en égyptien ancien (Ta-ouret, T3-wrt).

15. « Parmi les figures familières du cercle isiaque, Bès est souvent représenté dansant de la même danse. Il danse parce qu'il est, à la Basse époque en Egypte, le dieu populaire de la danse. Il danse car les gestes de ses mains ont une valeur magique et chassent les mauvais esprits. Il danse car sa danse a une valeur initiatique…
« Les ressemblances sont frappantes : le nègre de Pount dansant en l'honneur du dieu Min, Bès, le dieu d'origine éthiopienne dansant pour protéger les dieux et les mortels, le nègre dansant dans les fêtes d'Osiris dieu de la végétation. A Herculanum, un Ethiopien pourrait jouer le rôle de Bès et exécuterait une danse liturgique en l'honneur d'Osiris, dieu de la fertilité, de la régénération. Sa danse pourrait encore avoir une valeur initiatique et formatrice dans le déroulement des Mystères ». [Cf. V. Tam Tam Tinh, « Le mystère de la danse sacrée », in *Le Culte des Divinités Orientales à Herculanum*, Brill Archives, 1971, 97 p., pp. 40-42]

16. « A Abydos, dans les ruines du fameux temple funéraire de Séthi Ier, où Strabon reconnaît un Memnorion (XVII, I, 42), de nombreux proscynèmes grecs, très souvent émanant de soldats en retour de mission, remercient Sérapis de bien vouloir leur accorder la santé. Cependant, dans l'ancienne cité d'Osiris, ce n'est pas seulement pour la gloire de Sérapis-Osiris ou pour la beauté de sa parèdre Isis que l'on accourt, mais pour le rictus d'un "démon". En effet dans les ruines du temple d'Osiris, une chapelle oraculaire du dieu Bès attire les foules, principalement à l'époque romaine. La présence de Bès en ces lieux n'est pas si incongrue que certains ont pu le penser. Promu divinité majeure dès la basse époque, dieu populaire par excellence, Bès rejoint, comme montre D. Mecks, Osiris par divers aspects de sa personnalité : comme ce dernier, il est acéphale et masqué. En outre, c'est depuis longtemps en Egypte un dieu lié au sommeil, dont il est le protecteur. »

[Cf. Volokhine, Youri, « Les déplacements pieux en Egypte pharaonique : Sites et pratiques culturelles » in Frankfurter David, *Pilgrimage and Holy Space in Late Antique Egypt*, 1998, pp. 92-93]

17. Cf. Ndigi Oum, *Les Basa du Cameroun et l'antiquité pharaonique égypto-nubienne : recherche historique et linguistique comparative sur leurs rapports culturels à la lumière de l'égyptologie*, Thèse de doctorat (NR), Université Lyon II – Institut d'Egyptologie Victor Loret, 1997, Diffusion ANRT, p. 423.

18. Cf. VI. *Les matériaux complémentaires : Textes, Témoignages, Résolutions, Conventions*: "Auguste Mariette découvre le Sérapeum de Memphis", par Jean Leclant ; "Ce jour où Auguste Mariette fait la découverte de la statue de Bès, lors des fouilles effectuées à Saqqara à la recherche du Sérapeum" (VI.05).

19. Témoignage du chercheur camerounais, Godefroy Nguina Mawoung originaire de la région de Lolodorf dont certaines de ses traditions se confondent avec celles des Pygmées Bagyele; il vit et travaille dans le milieu depuis des années (il y est né).

20. Cf.: une conversation en sango, langue nationale parlée en Centrafrique, Victor Bissengué, 2004, p. 136.

21. « L'iboga est un arbuste qui pousse dans la jungle équatoriale, principalement au Gabon. Sa racine possède des vertus thérapeutiques, tant sur le plan physique que psychique. D'un point de vue spirituel, elle donne accès aux mondes invisibles et permet une ouverture de conscience. L'initiation au bois sacré est une expérience mystique puissante et à la fois un nettoyage en profondeur de son être. Les Pygmées, réputés grands guérisseurs et puissants « chamans », ont transmis une partie de leur sagesse aux Gabonais. Elle s'est répandue sous différentes branches de la religion bwiti, un culte ancestral aux rites secrets et

complexes. Le « bois sacré » se situe dans la même lignée que les plantes sacrées telles que le peyotl ou l'ayahuasca d'Amérique du Sud. » [*Une occidentale initiée à l'iboga chez les Pygmées"*, Mélanie Navarro, Editions Alphée- Jean Paul Bertand]. Il existe deux écoles : celle qui prône l'usage de l'iboga et celle qui considère comme dangereux pour la santé donc à éviter.

22. Luc Bouquiaux « Les Pygmées Aka victimes de l'afrocentrisme ? », in *L'Homme* N° 179, juillet-septembre 2006, pp. 227-235

23. *Pharmacopée et médecine traditionnelles chez les Pygmées du Gabon. Répertoire des 117 médecinales*, UNESCO, 2009

24. *Les secrets de la médecine pygmée*, reportage au Gabon, à la découverte de la médecine pygmée (Vidéo). Réalisation, Corinne Lalo et Eric Bourbotte.

25. E. N. Mujynya, *L'homme dans l'Univers «des» Bantu*, Thèse présentée à la Faculté des lettres de l'Université de Fribourg (Suisse) pour le grade de Docteur, Presses de l'Université Nationale du Zaïre, Lubambashi, 1972, pp. 9-10

26. «Le nom Nzambi comporte le radical bantou commun (*mba, mbi*), qui désigne l'activité créatrice et formative; ex: Nzakomba et Djakomba, Mbombo, Kiomi». (H. Baumann et D. Westermann, *Les peuples et civilisation de l'Afrique*, Paris, 1970, p. 213)

Le terme Mungu désigne le Dieu qui joint la vie (aux êtres animés, la force à cette chose, l'énergie à tout ce qui est dynamique) : c'est Dieu Ingénieur (Théophile Obenga, *Les Bantu, Langues, peuples, civilisation*, 1985, p. 152).

27. Les investigations menées par le R.P. Trilles ont été analysées et critiquées par de nombreux auteurs, notamment Stephan Seitz dans une publication intitulée *Pygmées*

d'Afrique Centrale (1993, p.61), où il formule des réserves: «La monographie de Trilles (*Les Pygmées de la forêt équatoriale*, 1932), couramment utilisée autrefois comme étude standard sur ce groupe, s'est révélée fort discutable, entre autres parce que c'est à peine s'il a eu l'occasion de mener des recherches chez les Pygmées. L'ouvrage était orienté d'après les conceptions du Père Schmidt». L'auteur ajoute: «Piskaty, dans une critique détaillée, en a révélé les lacunes». ("K. Piskaty, ist das Pygmäenwerk von Henri Trilles einezuverläsige. Quelle ?" / "L'ouvrage d'Henri Trilles sur les Pygmées est-il une source fiable ?", *Anthropos*, vol. 52, 1957, pp. 33-48).

28. Une note de l'auteur (R.P. Henri Trilles, 1932, p. 66) : « sans support, sans rien dessus ».

29. Tollé et sa sœur Ngolobanzo : cela renvoie à la cosmogonie égyptienne, l'origine de la création du monde où apparaissent Atoum le dieu-créateur, dieu primordial, Rê semence de ce dernier et parent unique des jumeaux Shou et sa sœur Tefnout qui donnèrent à leur tour naissance à Geb (la terre) et Nout (le ciel) ; entre les deux se situe Shou (l'air ou l'espace vital).

30. Source : Jean-François Dortier, « Le pape et les Pygmées. A la recherche de la religion première », in *Sciences humaines*, Grands Dossiers N° 5, décembre 2006-janvier 2007, L'origine des religions.

31. Ceux qu'on appelle les Pygmées sont divisés en plusieurs groupes : Bambuti de l'ex-Zaïre, Baka du Cameroun et Aka du Congo et du Centrafrique.

32. Victor Bissengué, *Contribution à l'histoire ancienne des Pygmées : l'exemple des Aka*, L'Harmattan, 2004.

33. R. Deliège, *Une histoire de l'anthropologie*, Seuil, 2006, et G. Gaillard, *Dictionnaire des ethnologues et des anthropologues*, Armand Colin, 1997.

34. Claire Préaux, "Les Grecs à la découverte de l'Afrique par l'Egypte", in *La Chronique d'Egypte*, tome XXXII, Bruxelles, 1957, pp. 294-295

35. Claire Lalouette, *Textes sacrés et textes profanes de l'ancienne Egypte*, Vol. I, éd. Gallimard, 1984, Note N° 40, pp. 324-325

36. Alessandro Roccati, *La littérature historique sous l'ancien Empire égyptien*, 1982, pp. 273-274

37. Jean Vercoutter, L'Egypte et la vallée du Nil, T1, 1992, p. 43

38. Noël Ballif, *Les Pygmées de la grande forêt*, 1992, pp. 216-217

39. Claire Préaux, *L'économie royale des Lagides*, 1939, pp. 355-356

40. Claire Préaux, *L'économie royale des Lagides*, 1939, pp. 370-371.

41. Relation résumée dans notre publication *Contribution à l'histoire ancienne des Pygmées : l'exemple des Aka*, 2004, pp. 101-103.

42. Cf. VI. Les matériaux complémentaires - Témoignages, Résolutions, Conventions : VI.07. Les récentes découvertes faites au Maroc : Nouvelles données relatives à l'Homo sapiens.

43. *Introduction à l'anthropologie moléculaire. Eve était noire*, Paris, Lavoisier Technique et Documentation, 1990. [Bulletins et Mémoires de la Société d'Anthropologie de Paris, Année 1990, Volume 2, Numéro 2-1, pp. 77-84]

44. *médecine/sciences* n° 8-9, vol. 15, août-septembre 1999, « L'ADN mitochondrial, le chromosome Y et l'histoire des populations humaines » *(Synthèse)*
Auteur mentionnés : Lluis Quintana-Murci: *docteur ès sciences, chercheur postdoctoral.* Laboratoire d'immunogénétique humaine, Inserm U. 276, Institut Pasteur, 25, rue du Docteur-Roux, 75724 Paris Cedex 15,

France et Department of genetics and microbiology, University of Pavia, Via Abbiategrasso, 207, 27100 Pavia, Italie. Reiner Veitia : *docteur ès sciences, chercheur postdoctoral, Institut Pasteur, Universidad de la Habana, Cuba.* Inserm U. 276, Institut Pasteur. Silvana Santachiara-Benerecetti : *professeur à l'Université de Pavia, Italie.* Department of genetics and microbiology, University of Pavia. Ken McElreavey : *docteur ès sciences, chargé de recherche à l'Institut Pasteur.* Marc Fellous : *professeur à l'Université Paris 7.* Thomas Bourgeron: *maître de conférences à l'Université Paris 7.* Inserm U. 276, Institut Pasteur.

45. Laboratoire Hôtes, vecteurs et agents infectieux : biologie et dynamique, Equipe «Génétique Evolutive Humaine» (CNRS/Institut Pasteur) ;
– Auteurs : Quintana-Murci L, Quach H, Harmant C, Luca F, Massonnet B, Patin E, Sica L, Mouguiama-Daouda P, Comas D, Tzur S, Balanovsky O, Kidd KK, Kidd JR, van der Veen L, Hombert JM, Gessain A, Verdu P, Froment A, Bahuchet S, Heyer E, Dausset J, Salas A, Behar, Proc Natl Acad Sci USA (PNAS, February 5, 2008, vol. 105, n° 5 1596-1601);
– Communiqué de presse : "L'histoire des populations de Pygmées et d'agriculteurs bantous d'Afrique Centrale", Paris, 4 février 2008. (Titre original du rapport scientifique diffusé: *Maternal traces of deep common ancestry and asymmetric gene flow between Pygmy hunter-gatherers and Bantu-speaking farmers).*

46. Les laboratoires et universités associés : Laboratoire Eco-anthropologie et ethnobiologie (CNRS/Muséum d'histoire naturelle/Université Paris) et Dynamique du langage (CNRS/Université Lyon 2), en collaboration avec les Universités de Barcelone, de Haïfa, de St Jacques de Compostelle et de Yale, le Centre d'Etudes du Polymorphisme Humain (CEPH-Fondation Jean Dausset) à Paris et le CIRMF de Franceville.

47. Tishkoff et al. The Genetic Structure and History of Africans and African Americans / Science, 2009; DOI: 10.1126/science.1172257 Tishkoff et al. De la structure génétique et l'histoire des Africains et les Afro-Américains. Science, 2009, DOI: 10.1126/science.1172257

48. "The impact of agricultural emergence on the genetic history of African rainforest hunter-gatherers and agriculturalists" in *Nature Communications* 5, Article number: 3163 doi :10.1038/ncomms4163. [Received 09 July 2013 Accepted 20 December 2013 Published 04 February 2014]

The emergence of agriculture in West-Central Africa approximately 5,000 years ago, profoundly modified the cultural landscape and mode of subsistence of most sub-Saharan populations. How this major innovation has had an impact on the genetic history of rainforest hunter-gatherers— historically referred to as 'pygmies'—and agriculturalists, however, remains poorly understood. Here we report genome-wide SNP data from these populations located west-to-east of the equatorial rainforest. We find that hunter-gathering populations present up to 50% of farmer genomic ancestry, and that substantial admixture began only within the last 1,000 years. Furthermore, we show that the historical population sizes characterizing these communities already differed before the introduction of agriculture. Our results suggest that the first socio-economic interactions between rainforest hunter-gatherers and farmers introduced by the spread of farming were not accompanied by immediate, extensive genetic exchanges and occurred on a backdrop of two groups already differentiated by their specialization in two ecotopes with differing carrying capacities. [https://www.nature.com/articles/ncomms4163]

49. Cf. *Sciences et Avenir avec AFP*, 07 Février 2014. https://www.sciencesetavenir.fr/archeo-paleo/le-genome-des-pygmees-bouleverse-les-modeles_21598

50. Ménout (*mnw. t*), pigeons, colombes (selon le sens donné par wikivisually.com et wikipedia.org)

51. Les Pygmées sont tous installés dans l'un des hangars de la Grande Halle, équipé, pour l'occasion, de lits de camp. Cette même grande pièce sert de lieu de séjour, de repos et de cuisine. Un point d'eau et des salles de toilette sont situés à proximité et à un niveau inférieur. Les Pygmées avaient pris la précaution de venir avec des vivres typiques et régionaux de la République Centrafricaine; par exemple, de la farine du manioc, de la banane plantin, de l'igname. C'est directement à la boucherie qu'ils s'approvisionnent en viande fraîche de bœuf. Les condiments qui font défaut sont achetés dans les magasins exotiques. Les femmes s'occupent elles-mêmes de la préparation de la cuisine.
Pour la préparation du légume à base de manioc qu'on appel aussi "boule de manioc", les Bayaka ont disposé d'une planche taillée parallélépipédique (et non un morceau de bois cylindrique couramment employé); fabriquée sur place, elle servira à mélanger la farine versée dans l'eau bouillante. Mais quelle peine pour les cuisinières non habituées à cette "technique si rudimentaire". Les commentaires vont bon train (surtout parmi les femmes)

52. Il s'agit d'une emphase, un soulignement verbal par Bokombé.

53. Cf. Victor Bissengué, 2004, p. 137-143.

Bibliographie

Altermüller, H., *Die Apotropaia und die Götter Mittelägyptens*, Thèse, Munich, 1965, pp. 74 et 78 [*Die Apotropaia und die Götter mittelägyptens: Eine typologische und religionsgeschichtliche Untersuchung der sogenannten "Zaubermesser" des Mittleren Reichs* (München: Ludwig-Maximilians-Universität)].

Altermüller H., « Bes », in *Lexicon der Ägyptologie (LdÄ)* 1, col. 720-723, 1973]

Altermüller H, « Bes », in *Wolfgang Helck-Wolfhart Westendorf (eds.), Lexicon der Ägyptologie*, 6 vols, Wiesbaden, 1975-1992, pp. 720-724.

Attali, Jacques, *Attali Jacques - Perspectives société*, Groupe Express, 2012, 222 p.

Bahuchet, Serge et Guy Philippart de Foy, *Les Pygmées d'Afrique centrale*, Roquevaire, Ed. Parenthèses, 1984.

Ballif, Noël, *Les Pygmées de la grande forêt*, Editions L'harmattan, 1992, pp. 216-217

Bissengué, Victor, *Contribution à l'histoire des Pygmées : L'exemple des Aka*, Edi. L'Harmattan, Paris, 2004, 206 p. [+ Bibliographie].

Bissengué, Victor, *Discrimination des Pygmées. Réfutation des Maîtres de la forêt*, Edit. Paari, Paris, 2014, 142 p. [+ Bibliographie augmentée].

Bissengué, Victor, « Pour une réconciliation des civilisations africaines avec l'histoire universelle », in *L'Homme*, 2007, N°181 : 189 à 195

Bouquiaux, Luc, « Les Pygmées Aka victimes de l'afrocentrisme ? », in *L'Homme* revue française d'anthropologie N° 179, juillet-sept. 2006, pp. 227-235

Bricault, Laurent et Miguel Versluys (éditeurs), « Bès dans les temples égyptiens de l'époque gréco-romaine », dans *Isis on the Nile. Egyptian Gods in Hellenistic and Roman Egypt, Proceedings of the IVth International Conference of Isis Studies*, Liège, November 27-29 2008, Religions in the Graeco-Roman World 171, Brill, Leiden, 2010, p. 233-255.

Brisson, Robert, *Utilisation des plantes par les Pygmées Baka*, Paris, L'Harmattan, 2011, 290 p.

Budge, E.A. Wallis, *An Egyptian hieroglyphic dictionary, volume I*, Dover Publications, INC, New York, 1978 (page 223).

Budge, E.A. Wallis, *The Gods of the Egyptians, or studies in Egyptian mythology*, Dover Publications, INC, NY, Vol. II, 1972, pp.278-288

Budge, E.A. Wallis, *Amulets & Magic*, Kegan Paul, London, 2001, 543 pages

Bulté Jeanne, « Iconographie originale d'un Bès "nourricier" inédit: illustration d'une malédiction obscène », in *Revue d'égyptologie*, ISSN 0035-1849. - (2001) vol.52, p.57-67

Cahiers d'Etudes Africaine, 1989/1 N° 149-150), 420 p, « L'héritage pharaonique : Hommage à C. A. Diop », par Oscar Pfouma

Catalogue de l'exposition *Pharaon*. Paris (sous la Direction de Christiane Ziegler), Flammarion et IMA, p. 218. Exposition à l'Institut du monde arabe, Paris 2004-2005

Charvát, Petr, « The Bes Jug: Its Origin and Development in Egypt » in *Zeitschrift für ägyptische Sprache und Altertumskunde*, ISSN 0044-216X. - (1980) vol.107 19800101, pp.46-52

Cohn, Norman, *Cosmos, chaos et le monde qui vient: du mythe du combat à l'eschatologie*, Edi. Allia, septembre 2013, p. 41 (375 p)

Damiano-Appia, Maurizio, *« L'Egypte : dictionnaire encyclopédique de l'ancienne Égypte et des civilisations nubiennes »* Gründ, 1999, p. 288

Dasen Véronique, « Nains et pygmées, Figures de l'altérité en Égypte et Grèce anciennes », in *Penser et représenter le corps dans l'Antiquité* (direction de Francis Prost, Jérôme Wilgaux). PUR, 2006, pp. 95-113.

Dasen Véronique, *Dwarfs in Ancient Egypt and Greece*, Oxford, 1993, pp. 98-106.

Dictionary of Deities and Demons in the Bible, by Karel van der Toorn, Bob Becking, Pieter Willem van der Horst. Wm. B. Eerdmans Publishing, 1999 - 960 pages (p. 173).

Dieterlen, Germaine, *Essai sur la religion bambara*, Edité par Université de Bruxelles, Collection Anthropologie sociale, 1996, 264 pages [ISBN 10 : 280040941X ISBN 13 : 9782800409412]

Dieterlen, Germaine (sous la direction de), *La notion de personne en Afrique Noire*, La notion [Texte imprimé] : [actes / du colloque international organisé dans le cadre des colloques internationaux du Centre national de la recherche scientifique, à Paris, du 11 au 17 octobre 1971], Paris, Ed. Centre National de la Recherche Scientifique, 1981

Diop, Cheikh Anta, *L'Antiquité Africaine par l'image*, Edit. Présence Africaine, 1975

Douet, M. L., « Les Babingas ou Yadingas: Peuple nain de la Forêt Équatoriale (Région du Moyen Congo) », in *L'Ethnographie*, Bulletin de la Société d'Ethnographie de paris, Nouvelle Série n°2 – 15 Janvier 1914, pp. 15-32

Egermann H, Fernando N, Chuen L and McAdams S (2015) « Music induces universal emotion-related psychophysiolo-gical responses: comparing Canadian listeners to Congolese Pygmies ». *Frontiers Psychology* 5:1341. doi: 10.3389/fpsyg.2014.01341

Encyclopédie des Pygmées Aka, sous la direction de Thomas J. M.C., al. - Techniques, langage et société des chasseurs-cueilleurs de la forêt centrafricaine (Sud-Centrafrique et Nord-Congo) en 4 Livres comportant 15 Vol. – Dernière parution : THOMAS Jacqueline M.C., S. Bahuchet, A. Epelboin et S. Fürniss (eds), 2013 [paru en 2014], *Encyclopédie des Pygmées Aka II - Dictionnaire ethnographique Aka-Français (fasc. 11) - Voyelles*, Peeters, Tradition Orale 50, SELAF 455, 303 p.

Epelboin, Alain, « Fierté pygmée et « pygmitude » : racismes et discriminations positives », *Journal des africanistes*, Vol. 82, n°1-2, 2012, pp. 73-105. Référence électronique :
« Fierté pygmée et « pygmitude » : racismes et discriminations positives », *Journal des africanistes*, Vol. 82, n°1-2, 2012, mis en ligne le 11 mai 2016. URL : http://africanistes.revues.org/4280

Fakoly, Doumbi, *L'Origine négro-africaine des religions dites révélées*, Ed. Menaibuc, 2004, 162 p.

Froment, Alain, « Origine et évolution de l'homme dans la pensée de Cheikh Anta Diop: une analyse critique », in *Cahiers d'Etudes Africaines*, Vol. 31, N°121-122, 1991, pp. 29-64

Giveon, Raphael, *Les Bédouins Shosou des documents égyptiens*, Volume 18 de Documenta et monumenta Orientis antiqui, Brill Archive Éditeur Brill Archive, 1971, 479 p.

Gomez, Jean-Charles C. "La signification du vocable AKHU en Egypte ancienne et en Afrique noire contemporaine" in *Ankh revue d'Egyptologie et des civilisations africaines* N°3, juin 1994, pp. 83-113, note infrapaginale, plus explicitement note infrapaginale p. 94

Heilig, Marc, *« Autour du dieu Bès »*, *archeographe* Le Webzine de votre patrimoine. ISSN 2257-6045, 2004. http://archeographe.net/Autour-du-dieu-Bes

Hamdi Mahmoud El-Elimi, Faten « Une amulette du Dieu Bès découverte à Tell el-Maskhouta » in *Cahiers Caribéens d'Egyptologie, i-Medjat* n°9, septembre 2012, pp. 6-7.

Heuzey Léon, *Comptes rendus des séances de l'Académie des Inscriptions et Belles-Lettres* Année 1879 Volume 23 Numéro 2 pp. 140-149, Paris, Imprimerie nationale, « Sur quelques représentations du dieu grotesque appelé Bès par les Égyptiens », séance du 6 juin 1879, [http://www.persee.fr/doc/crai_0065-0536_1879_num_23_2_68546].

Hublin, Jean-Jacques, Conférence de presse au Collège de France : « *Les enfants de Jebel Irhoud* », 6 juin 2017 – Vidéo (1h 21mn 26)

Jahi, Kem, *Le Monde des Arts Martiaux Africains - Introduction à la Tradition Guerrière chez les Kamits*, Editeur (Livre) : Menaibuc Edilac, 207 p.

Jesi, Fumo, « Bès initiateur: éléments d'institutions préhistoriques dans le culte et dans la magie de l'ancienne Égypte », in *Aegyptus*, vol.38, 1958, p.171-183

Kuhn, Marie-Antoinette, « Oasis et déserts occidentaux égyptiens », *Mémoires de l'Académie Nationale de Metz*, 2010. URI : http://hdl.handle.net/2042/51080

Lalo, Corinne et Eric Bourbotte, *Les secrets de la médecine pygmée*, reportage (documentaire) au Gabon, à la découverte de la médecine pygmée. Vidéo, 2009
Reportage au Gabon, à la découverte de la médecine pygmée. Cette tradition utilise toutes les richesses des plantes. Doc. Corinne Lalo et Eric Bourbotte au Gabon.

Lalouette, Claire, *Textes sacrés et textes profanes de l'ancienne Egypte*, Vol. I, éd. Gallimard, 1984, Note N° 40, pp. 324-325

Lam, Aboubacary Moussa – El Hadji Malick Deme, « Grossesse, accouchement » et « Bès, le dieu protecteur de la maternité », in *ANKH* Revue d'Egyptologie et des Civilisations Africaines, N° 23/24, 2014-2015, pp. 81-93.

Lauer, Jean-Philippe, rappelle à la suite de la publication d'« UNE LETTRE INÉDITE DE MARIETTE (BROUILLON – COLLECTION PRIVÉE), 8 avril 1880 », les circonstances de la découverte de l'ensemble funéraire des Apis et leur incidence capitale sur l'essor de la science égyptologique : « Mariette à Saqqarah du Sérapéum à la Direction dus Antiquités » in *Mélanges Mariette*, Institut Français d'Archéologie orientale, préface de Jean Sainte Fare Garnot, 1961.

Leca, Ange-Pierre (Docteur), *La médecine égyptienne au temps des pharaons*, Paris, Ed. Roger Dacosta, 1983, pp. 251, 254

Leclant, Jean, "Auguste Mariette découvre le Sérapeum de Memphis", Célébrations nationales, Ministère de la culture (France), 2001
[http://www.culture.gouv.fr/culture/actualites/celebrations 2001/serapeum.htm]

Leclant, Jean, Gisèle Clerc, *Inventaire bibliographique des Isiaca (Ibis) : E-K*, Ed. Brill Archives, 1972. [Répertoire analytique des travaux relatifs à la diffusion des cultes isiaques 1940-1969]

Le Forestier N° 03 - Juin 2008, « Les connaissances traditionnelles des autochtones pygmées pour sauver les forêts congolaises » pp. 24-28. Centre d'Accompagnement des Autochtones Pygmées et Minoritaires Vulnérables (CAMV), 2007.

Legge, F., « The magic ivories of the Middle Empire », in PSBA 27 (1905), pp. 130-152, 297-303, pl. IV, VI.

Le Monde (lemonde.fr), *La découverte qui bouleverse l'histoire d'« Homo sapiens »,* par Hervé Morin, 07 juin 2017 [http://www.lemonde.fr/paleontologie/article/2017/06/07/l a-decouverte-qui-bouleverse-l-histoire-d-homo-sapiens_5140236_1650762.html]

Lewis, Jerome, *Les pygmées Batwa de la région des Grands lacs*, MRG, 2001, pp. 9-10.

Maget, Laurent, auteur-réalisateur, *Pygmées Baka, le grand Virage*, DVD (HD 16/19 Couleur Sonore), 39 minutes, 2013. Lieu : Cameroun. Production : CNRS Images. Co-production : IRD. Conseiller scientifique : Froment Alain

Malaise, Michel, « Bès et les croyances solaires », in *Studies in Egyptology / Israelit Groll Sarah*, Jerusalem, Edit. Magnes Press, 1990. - p.680-729.

Malaise, Michel, « La perception du monde animal dans l'Égypte ancienne », in *Anthropozoologica* 07, 1987, pp. 28-48

Marshall, Amandine et Salima Ikram, *Maternité et petite enfance en Égypte ancienne*, Editions du Rocher, 4 déc. 2015, 280 p

Mbock, Dibombari, *Le Char du Dieu*, Angeli Editions, févr. 2016, 224 pages, (p. 198).

Meeks, Dimitri, « Le nom du Dieu Bès et ses implications mythologiques », In *The intellectual heritage of Egypt* / Luft Ulrich. - Budapest : Université Loránd Eötvös, 1992, pp.423-436

Monceaux, Paul, "La légende des Pygmées et les nains de l'Afrique équatoriale" in *Revue Historique*, Paris, Tome XLVII, septembre-décembre 1891, p. 64

Moret, Alexandre, *Du caractère religieux de la royauté pharaonique*, Ed. Ernest Leroux, Paris, 1902, 344 pp..

Motte, Elisabeth, *Les plantes chez les Pygmées Aka et les Mozombo de la Lobaye (Centrafrique). Contribution à une étude ethnobotanique comparative chez les chasseurs-cueilleurs et des pêcheurs-cultivateurs vivant dans un milieu végétal* (Etudes Pygmées V), SELAF, 1980, 574 p.

Mujynya, Edmond Nimisi, *L'homme dans l'Univers «des» Bantu*, Thèse présentée à la Faculté des lettres de l'Université de Fribourg (Suisse) pour le grade de Docteur, Presses de l'Université Nationale du Zaïre, Lubambashi, 1972, pp. 9-10

Nature, « The age of the hominin fossils from Jebel Irhoud, Morocco, and the origins of the Middle Stone Age », 546, 293-296 (08 June 2017) | doi : 10.1038/nature22335. Publi. Online 07 June 2017.

Nature, « News fossils from Jebel Irhoud, Morocco and the pan-African origin of Homo sapiens », 546, 289-292 (08 June 2017) | doi : 10.1038/nature22336. Published online 07 June 2017

Ndigi Oum, *Les Basa du Cameroun et l'antiquité pharaonique égypto-nubienne : recherche historique et linguistique comparative sur leurs rapports culturels à la lumière de l'égyptologie*, Thèse de doctorat (NR), Université Lyon II – Institut d'égyptologie Victor Loret, 1997, ANRT.

Nke Ndih, Jean, *Gestion des écosystèmes forestiers par les Pygmées Bakola/Bagielli et voisins Bantous au sud-ouest du Cameroun face à l'exploitation néolibérale*. Thèse soutenue publiquement le 6 mai 2014 à l'Université Catholique de Louvain (Louvain-la-Neuve), pour l'obtention du titre de Docteur en sc. politiques et sociales.

Obenga, Théophile, *La philosophie africaine de la période pharaonique. 2780-330 avant notre ère*. Ed. L'Harmattan, Paris, Mai 1990, 567 p.

Obenga, Théophile, « "Nains" et "Pygmées" : Images et fonctions sociales depuis l'Egypte pharaonique » in *Ankh revue d'Egyptologie et des civilisations africaines* n°23/24, 2014-2015, pp. 125-131.

Obou, Thibeaud, *Le pouvoir divin de la femme noire africaine sur les cinq continents*, Les Ed. Akofa-Bisola, 2016, 344 p.

Ogdon Jorge R., « A Bes Amulet from the Royal Tomb of Akhenaten at El-`Amarna », in *Journal of Egyptian*

Archaeology, ISSN 0307-5133. - (1981) vol.67 19810101, p.178-179.

Pâques, Viviana, *L'arbre cosmique dans la pensée populaire et dans la vie quotidienne du nord-ouest africain*, Institut d'ethnologie, U. Paris, 1964, 702 p.

Perraud, Milena, *Appuis-tête de l'Egypte pharaonique : typologie et significations*. Thèse de doctorat en Histoire, Direction de Françoise Jean Dunand Yoyotte. Soutenue en 1997, Strasbourg 2.

Perraud, Milena, « Appui-tête de l'Egypte ancienne à figuration de Bès : un essai d'iconologie », in *H&A* n°3, avril-juin 1993, pp. 20-23.

Pfouma, Oscar, *L'héritage pharaonique : Hommage à Cheikh Anta Diop*, Editions Présence Africaine, 1989/1 (n° 149-150), 420 p.

Philippart de Foy, Guy & Serge Bahuchet, *Les Pygmées d'Afrique centrale*, Roquevaire (F) Ed. Parenthèses, 1984.

Posener Georges, *Dictionnaire de la civilisation égyptienne*, Edi. Hazan, 1988, 323 p.

Préaux, Claire, *L'économie royale des Lagides*, Editions de la Fondation égyptologique reine Élisabeth, Bruxelles, 1939, 646 p. (pp. 355-356, pp. 370-371).

Préaux, Claire, « Les Grecs à la découverte de l'Afrique par l'Égypte », in *La Chronique d'Egypte*, tome XXXII, Bruxelles, 1957, pp. 284-312.

Quatrefages, Armand de Bréau, *Les Pygmées*, Paris, Ed. J-B. Baillière et fils, 1887, 352 p.

Rachet, A. Guy: « Yahweh et son Ashérah », in *Cahiers du Cercle Ernest Renan* 242, 2008: 29-51.

Roccati, Alessandro, *La littérature historique sous l'ancien Empire égyptien*, 1982, pp. 273-274.

Sackho-Autissier, Aminata, « Les représentations de Bès et Satyres à l'époque méroïtique : syncrétisme ou confusion des emblèmes ? », in *Acta Nubica, Proceedings of the X International Conference of Nubian Studies*, 2006.

Sall, Babacar, « Herkhouf et le pays de Yam », in *Revue Ankh N°4/5*, Editions Khepera, Paris, 2001, pp. 56-70.

Schebesta, Paul, *Les Pygmées de la forêt équatoriale*, Paris, Ed. Gallimard, 1940, 193 p.

Stracmans, Maurice, « Les Pygmées dans l'Ancienne Egypte », in *Mélanges Georges Smets*, Bruxelles, 1952, 621-631.

Survival, *'Pygmées' Afrique centrale*, 2018. [https://www.survivalinternational.fr/peuples/pygmees]

Thomas, Louis-Vincent, *La terre africaine et ses religions. Traditions et changements*. Ed. Larousse, 1975, 336 p.

Thomas J. M.C., S. Bahuchet, A. Epelboin et S. Fürniss (eds) - *Encyclopédie des Pygmées Aka* - Techniques, langage et société des chasseurs-cueilleurs de la forêt centrafricaine (Sud-Centrafrique et Nord-Congo) en 4 Livres comportant 15 Vol. - Dernier fascicule paru :

Thomas Jacqueline M.C., S. Bahuchet, A. Epelboin et S. Fürniss (eds), 2013 [paru en 2014], *Encyclopédie des Pygmées Aka II - Dictionnaire ethnographique Aka-Français (fasc. 11) - Voyelles*, Peeters, coll. Tradition Orale 50, SELAF 455, 303 p.

Tishkoff et al., "The Genetic Structure and History of Africans and African Americans" in *Science*, 2009; DOI: 10.1126/science.1172257 [Tishkoff et al., "De la structure génétique et l'histoire des Africains et les Afro-Américains" in *Science*, 2009, DOI: 10.1126/science.1172257]

Tran-tam-Tinh, V., *Le Culte des divinités orientales en Campanie: en dehors de Pompéi, de Stabies et d'Herculanum*, BRILL, 1972 - 261 pages

Unesco, *Pharmacie et médecine traditionnelles, chez les Pygmées du Gabon. Répertoire de 117 plantes médecinales*, 2009.

Vandier d'Abbadie, Jeanne (Marie Thérèse), « Une fresque civile de Deir El Médineh », in *Revue d'Egyptologie*, publiée par la Société Française d'Egyptologie Tome 3e, Le Caire. Imprimerie de l'Institut Français d'Archéologie Orientale, 1938, pp. 27-35.

Vercoutter, Jean, *L'Egypte et la vallée du Nil. Tome I. Des origines à la fin de l'Ancien Empire 12000-2000 av. J.-C.*, Paris, PUF, 1992, 382 p. (p. 43)

Versluys, Miguel et Laurent Bricault (éditeurs), « Bès dans les temples égyptiens de l'époque gréco-romaine », dans *Isis on the Nile. Egyptian Gods in Hellenistic and Roman Egypt, Proceedings of the IVth International Conference of Isis Studies*, Liège, November 27-29 2008,

Religions in the Graeco-Roman World 171, Brill, Leiden, 2010, pp. 233-255

Volokhine, Youri, « Quelques aspects de Bès dans les temples égyptiens de l'époque gréco-romaine », in *Isis on the Nile : Egyptian gods in Hellenistic and Roman Egypt*, edited by L. Bricault & Miguel John Versluys. – Leiden, Boston (Mass.): Brill, 17 dec. 2010, 293 p. :233-255.

Volokhine, Youri, « Les déplacements pieux en Egypte pharaonique : Sites et pratiques culturelles », in Frankfurter David, *Pilgrimage and Holy Space in Late Antique Egypt*, BRILL, 25 nov. 1998, 516 p. (pp.92-93).

Watterson, Barbara, *The Gods of Ancient Egypt*, B.T. Batsford, London, 1984, p. 127

Werbrouck, Marcelle, "À propos du dieu Bes", in *Egyptian Religion*, I, 1933, pp. 28-32.

Yoyotte, Jean. « Religion de l'Égypte ancienne » in: *École pratique des hautes études, Section des sciences religieuses. Annuaire 1968-1969. T.76*. 1967, pp. 108-121.

Ziegler, Christiane, Guillemette Andreu, Marie-Hélène Rutschowscaya, Ed. Hachette, 1997, 262 p.

TABLE DES MATIÈRES

Prologue   11

I. De l'origine à la localisation géographique actuelle des Pygmées   15

I.1. Origine   15

I.2. Localisation actuelle des groupes Pygmées   27

II. Bès comme incarnation divine du Deneg dans le Panthéon pharaonique   29

II.1. La divinité Bès   29

II.2. Les temples et les sanctuaires dédiés à Bès   37

II.2.01. Dendérah   37

II.2.02. Philae   39

II.2.03. Le temple de Mout à Karnak   40

II.2.04. Le temple de Khnoum à Esna   42

II.2.05. Sedeinga : Découverte des traces du dieu Bès et du temple érigé par Aménophis III à la gloire de Tiyi la grande épouse royale   43

II.2.06. Tatouage à l'effigie du dieu Bès sur le corps et sur un collier   45

II.2.07. Appui-tête orné du visage du dieu Bès   48

II.2.08. Satamon et le fauteuil funéraire portant l'effigie du dieu Bès   49

II.2.09. Les chars de Toutankhamon : tête du dieu Bès faisant partie du harnachement des chevaux   52

II.2.10. Le Temple de Bès à Bawiti dans l'Oasis
de Bahariya 54

II.2.11. Bès et Israël antique 56

III. Les attributions et figures de Bès 59

III.1. Les 9 attributs de Bès dans le Panthéon
pharaonique 59

III.1.01. Bès est le protecteur des femmes en
couches 59

III.1.02. Protecteur des nouveau-nés 61

III.1.03. Bès : celui qui utilise les instruments pour
créer la symphonie et la parole 62

III.1.04. La chorégraphie sacrée 63

III.1.05. Bès, celui qui a fait connaître les arts
martiaux 63

III.1.06. Bès, un connaisseur de l'anatomie
humaine 64

III.1.07. Bès intercesseur entre le cosmos et l'être
humain 65

III.1.08. La nourriture du corps 66

III.1.09. La chasse rituelle 67

III.2. Les figures de Bès : illustrations et
commentaires 68

III.2.01. Figure du dieu Bès jouant de la harpe. Temple
d'Hathor de Philae : sur l'une des colonnes 68

III.2.02. Le « dieu Bès guerrier » avec l'image du dieu
Apis sur la coiffure 69

III.2.03. Bès et Taouret assistent à la naissance du
souverain de l'Égypte 70

III.2.04. Bès, Horus, Harpocrate	71
III.2.04A. Harpocrate	71
III.2.04B. La stèle guérisseuse et protectrice de Horus sur des crocodiles	73
III.2.05. Bès panthée	76
III.2.06. Bès et Amon-Rê panthée	77
III.2.07. Bès avec d'autres dieux sur une stèle égyptienne	79
IV. L'apport des Pygmées à la civilisation depuis l'Antiquité	**81**
IV.1. Les traditions orales des Pygmées	81
IV.1.1. Traditions orales des pygmées, patrimoine immatériel de l'Humanité	81
IV.1.2. Musique des Pygmées, source d'inspiration universelle	86
IV.2. Les connaissances médicinales	88
IV.3. Les cosmogonies et les rites initiatiques	94
IV.4. Les Pygmées, acteurs du commerce trans-nilotique	101
V. Icotexte	**109**
V.01. Carte du bassin du Nil des Grands Lacs à la Méditerranée	109
V.02. Carte : Sedeinga, Soudan	110
V.03. Le président David Dacko de la République Centrafricaine et les Pygmées dans la Lobaye	111

V.04. Les Bayaka à Paris, Grande Halle de la
Villette, 1991 112

V.05. Marie Lisenga Bafalikike dans une tenue
traditionnelle (RDC) 114

V.06. 24 novembre 2004, Paris - présentation
de l'ouvrage *Contribution à l'histoire ancienne des
Pygmées. L'exemple des Aka* 115

V.07. Groupe Ndima, Aka du Congo Brazzaville
à Paris, 2016 116

Conclusion 119

**VI. Les matériaux complémentaires : Textes,
Témoignages, Résolutions, Conventions** 123

VI.01. La confirmation de l'ancienneté des
Pygmées par la génétique de la population ... 123

VI.01A. ADNmt et populations humaines : une
étude du cas des Pygmées d'Afrique par le
professeur Gérard LUCOTTE 123

VI.01B. Parenté entre les Pygmées et les
Grands Noirs 126

VI.01C. Origine, diversité des migrations de
populations africaines à la lumière des résultats
de l'équipe internationale de Sarah Tishkoff ... 128

VI.01D. Le génome des Pygmées, bouleverse les
modèles scientifiques actuels 130

VI.02. Appuis-tête de l'Egypte pharaonique :
typologie et significations 133

VI.03. Le témoignage des Aka aujourd'hui 136

VI.03A. Propos des Aka par Survival 136

VI.03B. MOKE 137

VI.03C. Léonard Fabrice Odambo Adone 137

VI.03D. Nous sommes reçus chez les Pygmées installés dans un campement improvisé à la Grande Halle de la Villette à Paris. Ils témoignent 137

VI.04. Les récentes découvertes faites au Maroc : nouvelles données relatives à l'Homo sapiens 148

VI.05. « Auguste Mariette découvre le Sérapeum de Memphis », par Jean Leclant 153

VI.06. Convention sur la diversité biologique conclue à Rio de Janeiro le 5 juin 1992 158

Notes de renvois 199

Bibliographie 209

L'ANTHROPOLOGIE
AUX ÉDITIONS L'HARMATTAN

Dernières parutions

PROPÉDEUTIQUE À L'ANTHROPOLOGIE SOCIALE ET CULTURELLE
Edjenguèlè Mbonji, Edongo Ntede Pierre François
Voici un condensé de cours et de données essentielles, s'inspirant des enseignements des auteurs. Ce guide facilitateur du savoir anthropologique réaffirme que la notion de culture constitue le concept fondamental de l'anthropologie. Chaque culture est singulière et apprend à ses membres un ensemble de modèles et de pratiques originales propres à faciliter leur intégration dans la vie.
(Harmattan Cameroun, 28.50 euros, 274 p.)
ISBN : 978-2-343-12345-5, ISBN EBOOK : 978-2-14-004182-2

VANIA DE GILA-KOCHANOWSKI
Un savant tsigane
Mégret Jean-Claude
Vania de Gila-Kochanowski, Tsigane d'origine lettonne, docteur en linguistique en Sorbonne et en anthropologie à Toulouse, a été le premier grand savant de son peuple. Infatigable combattant pour la cause de sa langue et de son ethnie, il s'est battu sur tous les fronts : linguistique, politique, anthropologique, historique ou encore littéraire. Cet ouvrage retrace son parcours depuis les forêts lettones jusqu'au Quartier latin de Paris, en passant par l'Inde. Les Tsiganes trouveront dans ce livre un exposé et une première initiation à ses travaux.
(35.00 euros, 420 p.)
ISBN : 978-2-343-12085-0, ISBN EBOOK : 978-2-14-004113-6

QUE FAIRE DE L'ORANG-OUTAN ?
Reconstruire la nature à Nyaru Menteng, Bornéo (Indonésie)
Louchart Frédéric
L'animal encombre les plantations de palmiers à huile et nos mauvaises consciences. Mais d'où vient que nous soyons si préoccupés de son sort, et de quoi cette culpabilité est-elle faite ? Ce livre retrace l'histoire des sciences qui a vu passer l'orang-outan de l'homme sauvage à l'être intelligent. Au-delà du centre de réintroduction de Nyaru Menteng (Bornéo, Indonésie), le sort de l'orang-outan pose la question d'une sélection humaine globale du vivant, et interroge notre capacité à reconstruire la nature, caractéristique essentielle de l'anthropocène.
(21.50 euros, 212 p.)
ISBN : 978-2-343-11723-2, ISBN EBOOK : 978-2-14-003821-1

PRÉCIS D'ETHNOGRAPHIE FORMELLE
Contribution à une ethnographie comparée des communautés rurales dans les pays du Sud
D'Hont Olivier
Dans cet ouvrage, l'auteur propose la construction d'une représentation et une modalité d'analyse de la réalité locale au niveau de la communauté rurale dans les pays du Sud, en traitant cette dernière comme la conjonction de trois types de systèmes : un système matériel, un système idéel et un système social. L'auteur incite à la recherche de procédures consensuelles de modélisation de cette réalité même au prix d'un réductionnisme. Celles-ci étant seules à même de donner à l'ethnographie la capacité d'exister significativement aux côtés des disciplines plus avancées dans leur formalisation.
(24,50 euros, 244 p.)
ISBN : 978-2-343-11629-7, ISBN EBOOK : 978-2-14-003536-4

TRADITIONS INDO-EUROPÉENNES ET PATRIMOINES FOLKLORIQUES – Mélanges offerts à Bernard Sergent
Textes réunis et édités par Alain Meurant
Spécialiste unanimement reconnu de la lecture des mythes et des légendes, Bernard Sergent a consacré sa carrière de chercheur au CNRS à un examen aussi fin qu'approfondi des traditions issues du patrimoine indo-européen, tout en s'intéressant à celles du monde amérindien et à la mythologie populaire des différents terroirs français. C'est à ce savant de haute stature que ses collègues ont voulu adresser un témoignage de reconnaissance en lui offrant ce volume d'hommages.
(Coll. Kubaba, série Antiquité, 59.00 euros, 756 p.)
ISBN : 978-2-343-10655-7, ISBN EBOOK : 978-2-14-003440-4

LE CULTE ET SES MANIFESTATIONS DANS LA MYTHOLOGIE HITTITE ET L'ANCIEN TESTAMENT
Essai anthropologique
Nutkowicz Hélène, Mazoyer Michel
Destinés à mettre en place et renforcer les liens avec leur Dieu/leurs dieux, les cultes décrits dans la mythologie hittite ainsi que dans l'Ancien Testament sont ici dépeints, comparés et étudiés dans leur matérialité, qu'il s'agisse des sacrifices et de leurs significations, des lieux de culte, des fêtes et de leur organisation qui mettent en scène des rites témoignant encore et toujours de l'intérêt porté par les humains à leur Dieu/leurs dieux. La comparaison de leurs aspects les rend à la fois proches et lointains et les inscrits également dans une approche universelle.
(Coll. Kubaba, 15.00 euros, 134 p.)
ISBN : 978-2-343-11597-9, ISBN EBOOK : 978-2-14-003426-8

COCONSTRUIRE LE TOURISME AUTOCHTONE
par la recherche-action participative et les technologies de la communication
Une nouvelle approche de la gestion des ressources et des territoires
Blangy Sylvie
Les peuples autochtones sont confrontés à de nombreux défis cumulatifs : changements climatiques, extraction minière, dépendance économique, érosion des savoir-faire, perte de la langue et des cultures. Pour y répondre, des opérateurs

autochtones ont développé des activités touristiques, dans le but de faire entendre leur voix, d'appuyer leurs revendications territoriales, de générer des revenus financiers et de maintenir les liens avec leur territoire. En vue de revisiter la recherche-action participative et de l'adapter au contexte autochtone, des collaborations de recherche ont ainsi été développées avec treize communautés du Nord-Canada (Cri, Inuit et Saami) et du Nord Scandinavie utilisant des outils du Web collaboratifs en ligne via Internet
(45.00 euros, 664 p.)
ISBN : 978-2-343-05506-0, ISBN EBOOK : 978-2-14-002987-5

LA PRÉSENCE ET L'ABSENCE
Brève introduction à l'existence
Gaboriau Patrick
A partir de deux expériences personnelles simultanées, celle d'un fils qui naît et celle d'un père en fin de vie, l'auteur s'interroge sur les perceptions et le sens de la présence et de l'absence. Il nous invite à réfléchir sur notre devenir en confrontant ces deux moments, associant des lectures, un journal et des pistes de réflexion. Se dégage une anthropologie de l'existence enracinée dans le devenir des générations.
(Coll. Logiques sociales, 23.00 euros, 226 p.)
ISBN : 978-2-343-10225-2, ISBN EBOOK : 978-2-14-002354-5

ALPHAgENRE
Garnier Marie-Dominique
ALPHAgENRE : ou comment lire avec les doigts. Les mots recueillis dans ce dictionnaire tactile de la langue contemporaine ont en commun de relayer le pouvoir de sexuation graphique, les effets de gangue et de gang d'une lettre phallique, micro-organe érectile de pouvoir : G ou g. De «genre» à «gouvernance», de «jungle» à «migrant» ou «hégémonie», cet essai analyse le régime graphique d'une lettre-corps, courroie de transmission d'une machine à binariser, à normer, à pré-former, à soumettre.
(Coll. Anthropologie Critique, 26.00 euros, 260 p.)
ISBN : 978-2-343-09442-7, ISBN EBOOK : 978-2-14-001434-5

STRATÉGIES IDENTITAIRES CHEZ LES MIGRANTS TURCS EN FRANCE
Sourou Benoît
Cet ouvrage se propose, à travers l'analyse du discours sur l'infortune de migrants turcs, recueillis dans le cadre d'une consultation interculturelle, d'étudier comment s'effectuent leurs constructions identitaires.
(Coll. Logiques sociales, 21.50 euros, 210 p.)
ISBN : 978-2-343-08989-8, ISBN EBOOK : 978-2-14-001340-9

JOIE ET BONHEUR
Croyances, mythes, idéologies
Europeana 7
Collectif
Dans ce numéro, les contributeurs reviennent sur le thème universel de l'aspiration au bonheur et à la joie à travers différentes époques et civilisations.

À ce titre, le contexte linguistique et philologique est essentiel pour comprendre les formes, que les civilisations, éloignées dans le temps et dans l'espace, donnent à ce concept, qui ne peut qu'être relatif et abstrait. De fait, dans de nombreuses cultures, le mot « bonheur » n'existe pas, seules les conditions du bonheur sont définies.
(Coll. Kubaba, 20.00 euros, 178 p.)
ISBN : 978-2-343-09565-3, ISBN EBOOK : 978-2-14-001389-8

DÉLUGES ET CATASTROPHES
Textes réunis et présentés par Bernard Dupaigne
Ce volume détaille quantité de catastrophes qui ont frappé le monde. Est-ce que toutes ces catastrophes sont naturelles, venues sans raison de la nature ? Ou bien est-ce que celle-ci tient à se venger de ce que les hommes lui font subir ? Faut-il penser - ce que Voltaire refuse de croire - que ce sont les divinités qui nous les envoient, pour nous punir de notre négligence à leur égard ?
(Coll. Eurasie, 19.00 euros, 178 p.)
ISBN : 978-2-343-10504-8, ISBN EBOOK : 978-2-14-002288-3

APPROCHES CRITIQUES DU PLAISIR (1450-1750)
Sous la direction de Jean-Claude Colbus et Brigitte Hébert
La quête du plaisir entreprise dans ces deux ouvrages concerne essentiellement le XVIe et le XVIIe siècle. Les plaisirs sont-ils les mêmes et sont-ils ressentis partout de la même façon et avec la même intensité et la même innocence ? Les plaisirs de l'esprit et du cœur sont-ils fondamentalement d'une autre nature que les plaisirs des sens ? Ce volume porte sur la France, l'Angleterre et l'Allemagne, analysant le moment où le besoin est transformé en art et en divertissement et où la vertu trouve sa récompense. Il est accompagné de *De la satisfaction des besoins vitaux aux plaisirs des sens, aux délices de l'esprit et aux égarements de l'âme.*
(Coll. Historiques, 25.00 euros, 254 p.)
ISBN : 978-2-343-05266-3, ISBN EBOOK : 978-2-336-38349-1

DE LA SATISFACTION DES BESOINS VITAUX AUX PLAISIRS DES SENS, AUX DÉLICES DE L'ESPRIT ET AUX ÉGAREMENTS DE L'ÂME (1450-1750)
Sous la direction de Jean-Claude Colbus et Brigitte Hébert
Plaisirs et bonheur sont souvent synonymes au XVIIe siècle et font l'objet d'un débat philosophique approfondi. Les études de ce volume portent sur les plaisirs des sens, tout particulièrement dans les arts : peinture, gravure, musique, danse, faisant place également aux appétits de Pierre l'Arétin et aux nuances de Pierre Bayle sur le caractère spirituel de tous nos plaisirs. Il accompagne un autre volume paru sous le titre : *Approches critiques du plaisir.*
(Coll. Historiques, 27.00 euros, 278 p.)
ISBN : 978-2-343-05265-6, ISBN EBOOK : 978-2-336-38344-6

Structures éditoriales du groupe L'Harmattan

L'Harmattan Italie
Via degli Artisti, 15
10124 Torino
harmattan.italia@gmail.com

L'Harmattan Hongrie
Kossuth l. u. 14-16.
1053 Budapest
harmattan@harmattan.hu

L'Harmattan Sénégal
10 VDN en face Mermoz
BP 45034 Dakar-Fann
senharmattan@gmail.com

L'Harmattan Cameroun
TSINGA/FECAFOOT
BP 11486 Yaoundé
inkoukam@gmail.com

L'Harmattan Burkina Faso
Achille Somé – tengnule@hotmail.fr

L'Harmattan Guinée
Almamya, rue KA 028 OKB Agency
BP 3470 Conakry
harmattanguinee@yahoo.fr

L'Harmattan RDC
185, avenue Nyangwe
Commune de Lingwala – Kinshasa
matangilamusadila@yahoo.fr

L'Harmattan Congo
67, boulevard Denis-Sassou-N'Guesso
BP 2874 Brazzaville
harmattan.congo@yahoo.fr

L'Harmattan Mali
Sirakoro-Meguetana V31
Bamako
syllaka@yahoo.fr

L'Harmattan Togo
Djidjole – Lomé
Maison Amela
face EPP BATOME
ddamela@aol.com

L'Harmattan Côte d'Ivoire
Résidence Karl – Cité des Arts
Abidjan-Cocody
03 BP 1588 Abidjan
espace_harmattan.ci@hotmail.fr

L'Harmattan Algérie
22, rue Moulay-Mohamed
31000 Oran
info2@harmattan-algerie.com

L'Harmattan Maroc
5, rue Ferrane-Kouicha, Talaâ-Elkbira
Chrableyine, Fès-Médine
30000 Fès
harmattan.maroc@gmail.com

Nos librairies en France

Librairie internationale
16, rue des Écoles – 75005 Paris
librairie.internationale@harmattan.fr
01 40 46 79 11
www.librairieharmattan.com

Librairie l'Espace Harmattan
21 bis, rue des Écoles – 75005 Paris
librairie.espace@harmattan.fr
01 43 29 49 42

Lib. sciences humaines & histoire
21, rue des Écoles – 75005 Paris
librairie.sh@harmattan.fr
01 46 34 13 71
www.librairieharmattansh.com

Lib. Méditerranée & Moyen-Orient
7, rue des Carmes – 75005 Paris
librairie.mediterranee@harmattan.fr
01 43 29 71 15

Librairie Le Lucernaire
53, rue Notre-Dame-des-Champs – 75006 Paris
librairie@lucernaire.fr
01 42 22 67 13